THE **BEST** OF

EVERYTHING®

WORD SEARCH BOOK

Welcome to the EVERYTHING® Series!

These handy, accessible books give you all you need to tackle a difficult project, gain a new hobby, comprehend a fascinating topic, prepare for an exam, or even brush up on something you learned back in school but have since forgotten.

You can choose to read an Everything® book from cover to cover or just pick out the information you want from our four useful boxes: e-questions, e-facts, e-alerts, and e-ssentials. We give you everything you need to know on the subject, but throw in a lot of fun stuff along the way, too.

We now have more than 400 Everything® books in print, spanning such wide-ranging categories as weddings, pregnancy, cooking, music instruction, foreign language, crafts, pets, New Age, and so much more. When you're done reading them all, you can finally say you know Everything®!

PUBLISHER Karen Cooper

MANAGING EDITOR, EVERYTHING® SERIES Lisa Laing

COPY CHIEF Casey Ebert

ASSOCIATE PRODUCTION EDITOR Mary Beth Dolan

ACQUISITIONS EDITOR Lisa Laing

EVERYTHING® SERIES COVER DESIGNER Erin Alexander

LAYOUT DESIGNERS Erin Dawson, Jessica Faria, Michelle Roy Kelly, Elisabeth Lariviere

Visit the entire Everything® series at *www.everything.com*

THE BEST OF

EVERYTHING

WORD SEARCH

BOOK

Build your brain power with
150 easy to hard word search puzzles

Charles Timmerman
Founder of Funster.com

Adams Media

New York   London   Toronto   Sydney   New Delhi

Adams Media
An Imprint of Simon & Schuster, Inc.
100 Technology Center Drive
Stoughton, MA 02072

An Everything® Series Book.
Everything® and everything.com® are registered trademarks of Simon &
Schuster, Inc.

ADAMS MEDIA and colophon are trademarks of Simon and Schuster.

For information about special discounts for bulk purchases, please
contact Simon & Schuster Special Sales at 1-866-506-1949 or business@
simonandschuster.com.

The Simon & Schuster Speakers Bureau can bring authors to your live event. For
more information or to book an event contact the Simon & Schuster Speakers
Bureau at 1-866-248-3049 or visit our website at www.simonspeakers.com.

Manufactured in the United States of America

16 2024

Library of Congress Cataloging-in-Publication Data has been applied for.

ISBN 978-1-4405-5881-8

Many of the designations used by manufacturers and sellers to distinguish
their products are claimed as trademarks. Where those designations appear
in this book and Simon & Schuster, Inc., was aware of a trademark claim, the
designations have been printed with initial capital letters.

Contains material adapted from the following titles, The Everything® Word
Search Book by Charles Timmerman, published by Adams Media, an Imprint of
Simon & Schuster, Inc., ISBN 13: 978-1-59337-431-0, and The Everything® Giant
Book of Word Searches by Charles Timmerman, published by Adams Media, an
Imprint of Simon & Schuster, Inc., ISBN 13: 978-1-59869-536-6.

Contents

Introduction ▪ **13**

CHAPTER 1: **STAGE AND SCREEN** ▪ **16**

Theater ▪ 16
Making Movies ▪ 17
Shakespeare on the Stage ▪ 18
Funny Movies ▪ 19
Screen Stars ▪ 20
Actors ▪ 21
Western Movies ▪ 22
Broadway Players ▪ 23
Playwrights ▪ 24
On the Silver Screen ▪ 25
Actresses ▪ 26
Music in the Movies ▪ 27
On the Stage ▪ 28
Titanic ▪ 29
Shakespeare's Characters ▪ 30

CHAPTER 2: **AROUND THE WORLD** ▪ 31

World Traveler ▪ 31
U.S. Capitals ▪ 32
It's a Jungle Out There ▪ 33
Islands ▪ 34
U.S. States ▪ 35
Rainforests ▪ 36
Small Towns ▪ 37
Airports ▪ 38
Asian Nations ▪ 39
The Land Down Under ▪ 40
U.S. Cities ▪ 41
A Trip to South America ▪ 42
African Nations ▪ 43
European Vacation ▪ 44
National Capitals ▪ 45

CHAPTER 3: **THE ANIMAL KINGDOM** ▪ 46

Wild World of Animals ▪ 46
Dogs and Cats ▪ 47
Insects ▪ 48
Something Fishy ▪ 49
Reptiles ▪ 50
Jurassic Animals ▪ 51
Horses ▪ 52
Warm-Blooded Animals ▪ 53
Endangered Species ▪ 54
Pets ▪ 55
Bird Watching ▪ 56

Extinct Animals ▪ 57

Snakes ▪ 58

Under the Sea ▪ 59

A Day at the Zoo ▪ 60

CHAPTER 4: WORKPLACE WORD SEARCH ▪ 61

Business as Usual ▪ 61

Business Leaders ▪ 62

Careers ▪ 63

The Office ▪ 64

Firefighters ▪ 65

Doctors ▪ 66

Engineers ▪ 67

Software Development ▪ 68

Corporations ▪ 69

Waiters ▪ 70

Taxes ▪ 71

Business Plan ▪ 72

Police on the Beat ▪ 73

Lawyers ▪ 74

It's My Job ▪ 75

CHAPTER 5: FUN WITH FOOD ▪ 76

Fruit ▪ 76

Vegetables ▪ 77

Italian Foods ▪ 78

Pie in the Face ▪ 79

Perfect Picnic ▪ 80

Side Salads ▪ 81

Pasta ▪ 82

Cocktail Hour ▪ 83

Spice It Up ▪ 84

Seafood Restaurant ▪ 85

Baking Cookies ▪ 86

Soups ▪ 87

Something to Drink ▪ 88

Candy ▪ 89

Berry Delicious ▪ 90

CHAPTER 6: **HOLIDAYS AND CELEBRATIONS** ▪ 91

Party Time ▪ 91

Thanksgiving ▪ 92

Traditional Anniversary Gifts ▪ 93

Christmas ▪ 94

Wedding Ceremony ▪ 95

Easter ▪ 96

Labor Day ▪ 97

Baby Shower ▪ 98

Happy Hanukkah ▪ 99

Fourth of July ▪ 100

Trick or Treat ▪ 101

Birthday Party ▪ 102

Be My Valentine ▪ 103

Happy New Year! ▪ 104

Santa Claus Is Coming to Town ▪ 105

CHAPTER 7: **POP CULTURE** ▪ 106

Animated Cartoon Characters ▪ 106

'60s Flashback ▪ 107

Reality TV ▪ 108

Comedians ▪ 109

Campus Mascots ▪ 110

What's Your Sign? ▪ 111

Star Trek ▪ 112

Funny Pages ▪ 113

World Wide Web ▪ 114

Turn on the TV ▪ 115

Costume Party ▪ 116

Board Games ▪ 117

Game Shows ▪ 118

Star Wars ▪ 119

The Wonderful World of Disney ▪ 120

CHAPTER 8: **MUSICAL PUZZLES** ▪ 121

Musical Words ▪ 121

Popular Bands ▪ 122

Musical Instruments ▪ 123

Classical Music ▪ 124

Jazz Musicians ▪ 125

Country Music ▪ 126

Opera ▪ 127

Song Writers ▪ 128

Play Jazz ▪ 129

Musical Genres ▪ 130

Rocking Around ▪ 131

Music Composers ▪ 132

Philharmonic ▪ 133

Music and Words ▪ 134

Let's Dance ▪ 135

CHAPTER 9: **STORY TIME** ▪ **136**

Written Words ▪ 136

Classics ▪ 137

Harry Potter ▪ 138

Greek Gods ▪ 139

Aye Matey! ▪ 140

Authors ▪ 141

Public Library ▪ 142

Fairy Tales ▪ 143

Famous Poets ▪ 144

Novels ▪ 145

Children's Books ▪ 146

Wonderful Writers ▪ 147

Science Fiction ▪ 148

Books ▪ 149

Magic Fairyland ▪ 150

CHAPTER 10: **THE WIDE WORLD OF SPORTS** ▪ **151**

Baseball Players ▪ 151

A Sporting Chance ▪ 152

Tennis Anyone? ▪ 153

On the Baseball Field ▪ 154

Olympic Games ▪ 155

Football Players ▪ 156

Spelunking ▪ 157

University Teams ▪ 158

Play Golf ▪ 159

Hockey ▪ 160

A Day at the Races ▪ 161

Track and Field ▪ 162

Gymnastics ▪ 163

NASCAR ▪ 164

Hoops ▪ 165

ANSWERS ▪ **167**

Introduction

▶ THE PUZZLES IN this book are in the traditional word search format. Words in the list are hidden in the grid in any direction: up, down, forward, backward, or diagonally. The words are always found in a straight line and letters are never skipped. Words can overlap. For example, the letters at the end of the word "MAST" could be used as the start of the word "STERN." Only the letters A to Z are used, and any spaces in an entry are removed. For example, "TROPICAL FISH" would be found in the grid as "TROPICALFISH." Draw a circle around each word that you find in the grid. Then cross the word off the list so that you will always know what words remain to be found.

A favorite strategy is to look for the first letter in a word, then see if the second letter is in any of the eight neighboring letters, and so on until the word is found. Or instead of searching for the first letter in a word, it is sometimes easier to look for letters that stand out, like Q, U, X, and Z. Double letters in a word will also stand out and be easier to find in the grid. Another strategy is to simply scan each row, column, and diagonal looking for any words.

The puzzles in this book have diverse and entertaining themes. Travel around the globe with puzzles like *European Vacation* and *A Trip to South America*. Relive old favorites when you work the puzzles *60s Flashback* and *Animated Cartoon Characters*. Become an armchair athlete with *Tennis Anyone?* and *Track and Field*. And relax with the puzzles *Classical Music* and *Baking Cookies*.

PUZZLES

CHAPTER 1: **STAGE AND SCREEN**

Theater

ACT

APPLAUSE

AUDIENCE

BLOCKING

CAMERA

CATWALK

CHOREOGRAPHY

CLOSEUP

COSTUME

CURTAIN

DESIGNER

DICTION

DIRECTOR

DRAMA

LIGHTING

MANAGER

PAN

PERFORMANCE

PRODUCER

REHEARSAL

REVIEW

SCREEN

SCRIPT

SET

SHOW

STAGE

STORY

THEATRE

TICKET

VOICE

WRITER

```
I B W C R E T I R W K R C Y O P X Q T J
J E F S B N V U J D Y H H J E W W B L N
A C D E S I G N E R T P E C I O V O J A
J Y V U M S Y E K E A R H A S Y P G H P
I Y G K Z F C T D R L I G H T I N G F S
G Z X C F V H R G E C N A M R O F R E P
C D A C T E D O E C M K J L T N H E T A
V H I V A Y E Q D E T O S D P O E C I Y
S C Z T H R T E S C N K T T J S C N C R
Y M R Z O L A S R A E H E R U D R E K O
P E D H C S M N G F P G D A O E Y I E T
K L C Z S A O A R N K R L L V G N D T S
L W L B W I T H N J I P O I B C G U C K
J T V D T E N W V A P K E D L Z S A S X
E M R C X I Z A A A G W C O U A M A R D
D G I Y A L R N L L U E S O N C K E Q G
U D A T S E D M H K K E R F L O E H Z K
B C R T M V F R G Y U Z E S X B U R F O
L U Y A S H V P O P D I R E C T O R N P
C P C D L W C O S T U M E S C R I P T J
```

Solution on page 169

Making Movies

ACTRESS

AGENTS

ART DEPARTMENT

AUDITION

BACKLOT

BEST BOY

CAMERAS

CGI ANIMATORS

CHOREOGRAPHER

CINEMATOGRAPHER

COLOR

COMEDY

COSTUMES

DIGITAL IMAGING

DISTRIBUTION

DOCUMENTARY

DUBBING

EDITOR

ELECTRICIAN

FEATURE

FLICKERING

FRAMES

GENRE

HORROR

LIGHTS

LOOPING

OPTICALS

```
D F B S T E L E C T R I C I A N Y L T L
N P P A R T Y S D Z O E T R O P E N H J
Y J D R S R P P C Y T I C I L B U P R I
H L W E O R E A N I A D S E I K L A T X
O O S M U D A H R O N G U J M O O H R Y
R P T A N I U T P T I H E B Q Z O E O R
R T G C D G D C S A D T C N B S P R T A
O I E Y S I M G T R R E U E T I I N C T
R C R K T T Z N C I O G P B T S N E E N
O A J S A A R I O X O T O A I O G G J E
L L P C G L B R M I C N A T R R R W O M
O S V R E I A E E S T Y M M A T T Y R U
C E S E T M C K D X N I T A I M M S P C
E M U E I A K C Y I U O D I N N E E I O
I U B N C G L I G H T S R U R A A N N D
W T T P K I O L T O S O E T A U G I I T
G S I L E N T F I L M Y R M A U C E G C
X O T A T G C H O R E O G R A P H E R C
Q C L Y O B T S E B O R A C T R E S S L
Q F E A T U R E T A E H T E L Z F U P I
```

PARTY

PATRONS

PRODUCTION MANAGER

PROJECTOR

PUBLICITY

PYROTECHNICS

SCREENPLAY

SECURITY

SILENT FILM

SOUND STAGE

STARS

STUNT COORDINATOR

SUBTITLE

TALKIES

THEATER

TICKET

ZOETROPE

Solution on page 169

Shakespeare on the Stage

```
E H A M L E T W E L F T H N I G H T F S
A N Q A N O E N E D I I I D R A H C I R
T I T H E W I N T E R S T A L E T W B U
A M E A W J U E J U L I U S C A E S A R
S J B N W E R H S E H T F O G N I M A T
O A Q E S V G T H E T E M P E S T T W I
N E R U S A E M R O F E R U S A E M Y M
N T R O I L U S A N D C R E S S I D A O
E T I E K I L U O Y S A K I N G J O H N
T R Z S U C I N O R D N A S U T I T C O
S A V H D W W F R A E L G N I K Q L W F
I G Y R O M E O A N D J U L I E T I M A
F E D M E R C H A N T O F V E N I C E T
H D C O R I O L A N U S E L C I R E P H
T Y L O V E S L A B O U R S L O S T E E
E A R T A P O E L C D N A Y N O T N A N
B S I N O D A D N A S U N E V T R V C S
C Y M B E L I N E H I S T O R Y B Z U F
A O L L E H T O B V K H H Z V P W Z E B
M I Z R P G V G U Y P H B C I Q A A G M
```

ANTONY AND CLEOPATRA

AS YOU LIKE IT

CORIOLANUS

CYMBELINE

HAMLET

HENRY V

HISTORY

JULIUS CAESAR

KING JOHN

KING LEAR

LOVES LABOURS LOST

MACBETH

MEASURE FOR MEASURE

MERCHANT OF VENICE

OTHELLO

PERICLES

RICHARD III

ROMEO AND JULIET

SONNETS

TAMING OF THE SHREW

THE COMEDY OF ERRORS

THE TEMPEST

THE WINTERS TALE

TIMON OF ATHENS

TITUS ANDRONICUS

TRAGEDY

TROILUS AND CRESSIDA

TWELFTH NIGHT

VENUS AND ADONIS

Solution on page 169

Funny Movies

A CHRISTMAS STORY

AFRICAN QUEEN

AMELIE

ANNIE HALL

ARSENIC AND OLD LACE

BIG FISH

BRINGING UP BABY

CHARADE

CITY LIGHTS

DR STRANGELOVE

DUCK SOUP

FINDING NEMO

HARVEY

HIS GIRL FRIDAY

MANHATTAN

NIGHT AT THE OPERA

PHILADELPHIA STORY

ROMAN HOLIDAY

SINGIN IN THE RAIN

SOME LIKE IT HOT

SULLIVANS TRAVELS

THE GOLD RUSH

THE GREAT DICTATOR

THE INCREDIBLES

THE KID

THE STING

THE THIN MAN

TO BE OR NOT TO BE

TROUBLE IN PARADISE

YOUNG FRANKENSTEIN

```
Y Y R O T S A I H P L E D A L I H P C E
N R T T A F R I C A N Q U E E N A Y R I
G I O H O H N A M N I H T E H T R O T L
D N A T E B S L L A H E I N N A S U T E
F Z I R S I E U P U O S K C U D E N O M
O G J T E S N O R H D I K E H T N G H A
Z E A R S H A C R D S J N N O Z I F T H
N X S C O E T M R N L I N W A Y C R I I
H A R V E Y H N T E O O F I D P A A E S
C H A R A D E T I S D T G G Z Z N N K G
N A T T A H N A M N I I T E I M D K I I
C I T Y L I G H T S I R B O H B O E L R
F I N D I N G N E M O G H L B T L N E L
R O M A N H O L I D A Y N C E E D S M F
D R S T R A N G E L O V E I A S L T O R
B R I N G I N G U P B A B Y S Z A E S I
R O T A T C I D T A E R G E H T C I L D
S U L L I V A N S T R A V E L S E N C A
E S I D A R A P N I E L B U O R T S X Y
B T X N I G H T A T T H E O P E R A E T
```

Solution on page 169

Screen Stars

```
Z N W K B O J Y E N R A C T R A U S D M
J O R D F N N O S D U H K C O R P K E S
A S Q E D E G N A L A C I S S E J A M H
N B E B L B D T N N Y L F L O R R E I G
E I W R I D B O A I C R A G Y D N A M A
F G W A Z A I M M V L R L C O N N D O R
O L Y W A N N M R N A V A R L H F P O Y
N E S I M A G I E I N I U W T V G X R B
D M A N I C C X M T A V R N F J K I E U
A J D G N K R E L R T I E E A O I R N S
N O N E E R O L E A U E N L L H R E N E
I N O R L O S B H M R N B L A N S D Y Y
V V F P L Y B A T Y N L A A N C T Y R L
R O R C I D Y G E R E E C Y A L I R B L
A I E X G J Q K J A R I A D R E E A L E
M G T D I H I R T M I G L O K E A N U K
E H E L E N H A Y E S H L O I S L O Y E
E T P S Z G O L D I E H A W N E L N H N
L D O N A M E C H E V Y C H A S E I S E
M E G R Y A N G R A C E K E L L Y W T G
```

ALAN ARKIN

ANDY GARCIA

ART CARNEY

BETTE MIDLER

BING CROSBY

CHEVY CHASE

CLARK GABLE

DAN ACKROYD

DEBRA WINGER

DEMI MOORE

DON AMECHE

ERROL FLYNN

ETHEL MERMAN

GARY BUSEY

GENE KELLY

GOLDIE HAWN

GRACE KELLY

HELEN HAYES

JANE FONDA

JESSICA LANGE

JOAN CRAWFORD

JOHN CLEESE

JON VOIGHT

KIRSTIE ALLEY

LANA TURNER

LAUREN BACALL

LEE MARVIN

LIZA MINELLI

MARY MARTIN

MEG RYAN

MEL GIBSON

PETER FONDA

ROCK HUDSON

TOM MIX

VIVIEN LEIGH

WINONA RYDER

WOODY ALLEN

YUL BRYNNER

Solution on page 169

Actors

AL PACINO

ALAN ALDA

ALAN ARKIN

ALAN LADD

ANDY GARCIA

ART CARNEY

BING CROSBY

CARY GRANT

CHEVY CHASE

CHICO MARX

CLARK GABLE

DAN AYKROYD

DON AMECHE

ERROL FLYNN

GARY BUSEY

GARY COOPER

GENE AUTRY

GENE KELLY

HARPO MARX

HENRY FONDA

JAMES CAAN

JAMES DEAN

JOHN CANDY

JOHN CLEESE

JOHN CUSACK

JOHN WAYNE

JOHNNY DEPP

PETER FONDA

RED BUTTONS

RIP TORN

ROCK HUDSON

TOM MIX

WOODY ALLEN

YUL BRYNNER

```
D D A L N A L A E Y E N R A C T R A Z H
C H I C O M A R X S E H C E M A N O D Y
B J A M E S D E A N E Y E S U B Y R A G
J Y D N A C N H O J Y E A L P A C I N O
E N Y A W N H O J G K M L S E S O G Q A
T Q P E T E R F O N D A G C N R K V A R
Y O E E L B A G K R A L C O N Y K C V R
N U M R Z A A R F G Q R T I B H H Q O W
E X L M R K D C X F E T I S V E O C I A
L E T B I O M L T R U N O P V E K J D D
L A C G R X L Y A B A R E Y T H C L A N
A L A E N Y U F D N C M C K U O I X N O
Y A R N A W N E L G A H O D E Y R C A F
D N Y E A Y R N N Y A L S P Z L E N Y Y
O A G A C K V I E S N O A A R X L H K R
O R R U S N B R E R N N Q P H A V Y R N
W K A T E R E P O O C Y R A G R H F O E
N I N R M C O M A I C R A G Y D N A Y H
B N T Y A K C A S U C N H O J Q U E D I
U O Q F J V J O H N N Y D E P P X D O V
```

Solution on page 169

Western Movies

BEND OF THE RIVER

BIG COUNTRY

BLAZING SADDLES

DANCES WITH WOLVES

DEAD MAN

DESTRY RIDES AGAIN

EL DORADO

FORT APACHE

HIGH NOON

HIGH PLAINS DRIFTER

HUD

JOHNNY GUITAR

LAST OF THE MOHICANS

LITTLE BIG MAN

LONELY ARE THE BRAVE

MAN FROM LARAMIE

NAKED SPUR

OLD YELLER

OPEN RANGE

OUTLAW JOSEY WALES

RIO GRANDE

SHANE

THE GUNFIGHTER

THE MARK OF ZORRO

THE OX BOW INCIDENT

THE PROFESSIONALS

THE SEARCHERS

THE WILD BUNCH

WAY OUT WEST

```
Y V S J K S D M P K D E T Z R Z S T S S
R E R R O W E Y R U I R H S A J E H L E
T H E U L S S R H R S E E H T S L E O L
N C H P D N T E T N T T O C I L A M N D
U A C S Y A R T F R L H X N U A W A E D
O P R D E C Y F R M I G B U G N Y R L A
C A A E L I R I E A T I O B Y O E K Y S
G T E K L H I R V N T F W D N I S O A G
I R S A E O D D I F L N I L N S O F R N
B O E N R M E S R R E U N I H S J Z E I
E F H E E S N E O B G C W O E W O T Z
G H T L D H A I H M I E I E J F A R H A
N I D D N T G A T L G H D H W O L R E L
A G E O A F A L F A M T E T Q R T O B B
R H A R R O I P O R A K N R C P U U R Q
N N D A G T N H D A N I T X R E O O A L
E O M D O S B G N M S H A N E H I I V M
P O A O I A C I E I O C U Z C T S K E X
O N N W R L N H B E W A Y O U T W E S T
S E V L O W H T I W S E C N A D S E Q L
```

Solution on page 169

Broadway Players

ALBERT FINNEY

ALEC GUINNESS

AMANDA PLUMMER

ANGELA LANSBURY

AUDREY HEPBURN

BARBARA BEL GEDDES

BEATRICE ARTHUR

BONNIE FRANKLIN

DONALD PLEASENCE

DUSTIN HOFFMAN

ELIZABETH TAYLOR

GERALDINE PAGE

HARRY BELAFONTE

INGRID BERGMAN

JACKIE GLEASON

JAMES EARL JONES

JASON ALEXANDER

KATHLEEN TURNER

LAURENCE OLIVIER

LINDA RONSTADT

MARY BETH HURT

MERCEDES RUEHL

MORGAN FREEMAN

STEVE LAWRENCE

```
D Q S Y Y R U B S N A L A L E G N A Z W
U J A M E S E A R L J O N E S J U N Q V
S V S U V P P L S T T S D G B O H R H D
T N D N T W E Z S D R E D E B V N U H G
I O R A L N C A E A U D O R E O I B E H
N S E M H A N L N T H D N A A F L P J H
H A N G E M E B N S H E A L T R K E A A
O E R R U E R E I N T G L D R E N H S R
F L U E R E W R U O E L D I I M A Y O R
F G T B S R A T G R B E P N C M R E N Y
M E N D E F L F C A Y B L E E U F R A B
A I E I D N E I E D R A E P A L E D L E
N K E R E A V N L N A R A A R P I U E L
P C L G C G E N A I M A S G T A N A X A
E A H N R R T E Y L R B E E H D N E A F
Q J T I E O S Y V G W R N T U N O E N O
U C A D M M S K T W H A C D R A B A D N
O T K G E G I K H Z X B E M B M T S E T
R O L Y A T H T E B A Z I L E A I W R E
L A U R E N C E O L I V I E R S H I E C
```

Solution on page 169

Playwrights

AGATHA CHRISTIE

ANTON CHEKOV

ARTHUR MILLER

AUGUST WILSON

BERTOLD BRECHT

CARSON MCCULLERS

CHRISTOPHER MARLOWE

DAVID MAMET

EDWARD ALBEE

GEORGE ABBOTT

GEORGE BERNARD SHAW

GORE VIDAL

HAROLD PINTER

HENRY JAMES

JAMES BALDWIN

JEAN GENET

LANGSTON HUGHES

MOSS HART

SAMUEL BECKETT

SOMERSET MAUGHAM

TENNESSEE WILLIAMS

TERRENCE MCNALLY

THORNTON WILDER

VOLTAIRE

WB YEATS

WILLIAM SHAKESPEARE

```
S E Y T R E T N I P D L O R A H B V R Z
E H W D H O E G V S J E T S R E I T F S
R S S O R O I J W O R E E N R K E L F X
A M E N L D R N A I K M A T Q R B X N W
E A H O C R A N A M A E O N R S W P A S
P I G S S V A T T J E L H E G M G H H R
S L U L H A L M Y O D S N C A E S F R E
E L H I E O M R R B N C B H N D N E Z L
K I N W V E N U R E E W G A R O L E T L
A W O T G E B E E M H U I A L L T E T U
H E T S H O C L C L A P N L I D M N T C
S E S U S H R N A M B R O M D A W R A C
M S G G T T A E T D E E R T M E A I E M
A S N U M L A E V B R U C D S H R Q N N
I E A A L A S E E I H A I K S I T D X O
L N L Y X R M G Y T D V W S E T R I K S
L N G B E X R V R B A A O D Z T T H V R
I E P M Z O S A T D W M L C E A T E C A
W T O B E E I T S I R H C A H T A G A C
V S F G T T O B B A E G R O E G Q R L W
```

Solution on page 170

On the
Silver Screen

```
O E S E L B I D E R C N I E H T A R Z H
L I H D A S O A B D L R O W T S O L K T
D R O I F C M F O R R E S T G U M P H O
Y R O R R H E S T I Y A E H P G I E E H
E A T B I I N H T O E L S O N A G C H T
L C I S C N G E O B V U O M Y R A K O I
L S S S A D N N N R R C O E E L D K U E
E R T E N L I A R A A A L A D A G Q S K
R E H C Q E D N O V H R T L A N N P E I
O H E N U R N D E O C D O O M D I O O L
M C W I E S I O B A I D O N D E T L F E
A R I R E L F A O C N K F E O X S A W M
N A L P N I G H T A T T H E O P E R A O
H E D L N S I A C M A D M A X R H E X S
O S B Z N T T I T S I C R O X E T X E Y
L E U N O O N H G I H O H C Y S P P N G
I H N A R E T H E G O L D R U S H R A T
D T C C S L A N O I S S E F O R P E H T
A C H R I S T M A S S T O R Y L Y S S L
Y Y A D I R F L R I G S I H U D W S I F
```

A CHRISTMAS STORY

AFRICAN QUEEN

ARSENIC AND OLD LACE

CARRIE

DRACULA

EXORCIST

FINDING NEMO

FOOTLOOSE

FORREST GUMP

HARVEY

HIGH NOON

HIS GIRL FRIDAY

HOME ALONE

HOUSE OF WAX

HUD

LOST WORLD

MAD MAX   SHANE   THE SEARCHERS

NIGHT AT THE OPERA   SHENANDOAH   THE STING

OLD YELLER   SHOOTIST   THE WILD BUNCH

POLAR EXPRESS   SOME LIKE IT HOT   TO BE OR NOT TO BE

PRINCESS BRIDE   SUGARLAND EXPRESS

PSYCHO   THE GOLD RUSH

RIO BRAVO   THE GREAT DICTATOR

ROMAN HOLIDAY   THE INCREDIBLES

SCHINDLERS LIST   THE PROFESSIONALS

Solution on page 170

Actresses

AMY IRVING

ANNE BANCROFT

ANNE BAXTER

BETTE DAVIS

BETTE MIDLER

BETTY GRABLE

CHER

CLARA BOW

DEBRA WINGER

DIANE KEATON

ELLEN BURSTYN

ETHEL MERMAN

FAYE DUNAWAY

GEENA DAVIS

GLENN CLOSE

JESSICA LANGE

JOAN CRAWFORD

JODIE FOSTER

JUDY GARLAND

JULIE ANDREWS

KIRSTIE ALLEY

LAUREN BACALL

LIZA MINELLI

MAE WEST

MEG RYAN

MERYL STREEP

RAQUEL WELCH

SISSY SPACEK

SOPHIA LOREN

VIVIEN LEIGH

WINONA RYDER

```
W I R E F D N A L R A G Y D U J O I J F
W L L M O Q N P M E R Y L S T R E E P Q
F L K E C A P S Y S S I S M E G R Y A N
Z E H R W X F R E G N I W A R B E D W E
P N H Q Z K Q T F O R C N A B E N N A J
E I I T E H G I E L N E I V I V P L E D
L M R E D Y R A N O N I W H H X Z S S R
L A H J O D I E F O S T E R Q S S D W O
A Z H A N N E B A X T E R U J I N I E F
C I K I R S T I E A L L E Y C Y A A R W
A L S O P H I A L O R E N A B A M N D A
B G E E N A D A V I S F L T E W R E N R
N G L E N N C L O S E A C S T A E K A C
E G N I V R I Y M A N H N E T N M E E N
R W O B A R A L C G E M S W E U L A I A
U L B W N X P K E R I D B E D D E T L O
A R E L D I M E T T E B V A A E H O U J
L E L B A R G Y T T E B R M V Y T N J F
B D N Y T S R U B N E L L E I A E N Q B
H H C L E W L E U Q A R E S S F P E L C
```

Solution on page 170

Music in the Movies

ALAN SILVESTRI

AS TIME GOES BY

BERNARD HERRMAN

CABARET

CHEEK TO CHEEK

DUKE ELLINGTON

FAME

FOOTLOOSE

GEORGE GERSHWIN

GONNA FLY NOW

HANS ZIMMER

IT HAD TO BE YOU

JAMES NEWTON
    HOWARD

JERRY GOLDSMITH

LEONARD BERNSTEIN

LET THE RIVER RUN

LUCK BE A LADY

MAX STEINER

MY FAVORITE THINGS

RANDY NEWMAN

RICHARD RODGERS

SOMEWHERE

THE ROSE

THE SOUND OF MUSIC

THE TROLLEY SONG

```
D K N K S R E G D O R D R A H C I R K P
B R T W J E R R Y G O L D S M I T H G B
W L A J P G N O L E B E W E R E H W P U
H U L W G O N N A F L Y N O W T E G L O
I C A T O N I G H T B E M N H Y S E T Y
T K N F Y H L I L S S A A E D G O O H E
E B S L G P N Z E O X M W O N N U R E B
C E I U E F E O O S R A L I A A N G M O
H A L Q A T G L T R Y E H R H M D E E T
R L V M B E T E E W M T D E A W O G F D
I A E V M O I H E D E B V S N E F E R A
S D S I O N D W E T E N T O S N M R O H
T Y T F E R E N I R G R S R Z Y U S M T
M S R R A R I R N E I J U E I D S H S I
A T I N E A O S F I V V O H M N I W H P
S S R S H V T C A B A R E T M A C I A I
B E N C A E S O M E W H E R E R J N F D
B B N F I G N O S Y E L L O R T E H T K
O U Y N N O T G N I L L E E K U D I W N
P M C H E E K T O C H E E K R D N C R X
```

THE WAY WE WERE

THEME FROM SHAFT

TONIGHT

UNCHAINED MELODY

UP WHERE WE BELONG

WHITE CHRISTMAS

Solution on page 170

On the Stage

```
G Q H F K W T G S H U D K A T B B O L A
H U X Q P Y A H U D I U Q E I U E A Y D
G R Z E L F C I E Y O T Z D X S T N S O
O K L A H O M A T P S O J E E S R T I L
A R C A D I A J G I I A W M O T A I S L
D L R M Y P T J P E N A N E N O Y G T S
O D Q J M U C J F Y V G N D H P A O R H
C L A T U R I S T A L K F O D T L N A O
T J B V R G I L G W B E K O L O O E T U
O X T H E C R U C I B L E J R E L T A S
R D R S O U T H P A C I F I C G S L N E
F A N G E L S I N A M E R I C A O S S I
A P N D H X Z O E D I P U S R E X D O I
U X B U R I E D C H I L D Z J I N W O N
S V E P S F H A A I E T S E R O E H T T
T C G A S A V A G E L O V E F E N C E S
U H U R L Y B U R L Y A S S A S S I N S
S Y N W Q U P E T E R P A N P I C N I C
G L A S S M E N A G E R I E T D Q F T H
O G A C I H C V R N R E B M U N A H Q J
```

A DOLLS HOUSE

A NUMBER

ANGELS IN AMERICA

ANTIGONE

ARCADIA

ASSASSINS

BETRAYAL

BURIED CHILD

BUS STOP

CHICAGO

DOCTOR FAUSTUS

FENCES

GLASS MENAGERIE

GUYS AND DOLLS

HURLYBURLY

INTO THE WOODS

LA TURISTA

LYSISTRATA

MEDEA

NO EXIT

OEDIPUS REX

OKLAHOMA

PETER PAN

PICNIC

SAVAGE LOVE

SOUTH PACIFIC

THE CRUCIBLE

THE ORESTEIA

THE PIANO LESSON

WAITING FOR GODOT

Solution on page 170

Titanic

BEST PICTURE

BILL PAXTON

BILLY ZANE

BROCK LOVETT

DANNY NUCCI

DIAMOND

DRAWING

ENGAGEMENT

ENGLAND

FORBIDDEN LOVE

FRANCES FISHER

GLORIA STUART

HEART

ICEBERG

JACK DAWSON

KATE WINSLET

LEONARDO DICAPRIO

LIFEBOAT

LUXURY

MARRIAGE

OFFICER

OPULENCE

PASSENGERS

ROSE

SINK

SOS

STEERAGE

STEWARD

TREASURE

WATER

WHITE STAR

```
C M B Q G T F C G P Y J S I X I I W C P
F M Z U X A D R A W I N G U S O F F X A
E T C B C O E S D B O V H O G K J K O Z
G R G Q B B S K J I C C U N Y N N A D E
A E Z W E E V O L N E D D I B R O F N S
R A A C N F S V E Z O N O N E I T M A U
E S I G G I Y T O R O S E Y R U X U L D
E U E P G L Y O P M R P P P E I A S G I
T R V E K L P Y A I C E A U H T P N N L
S E A T A U O I K N C C C Y S W L Y E W
G G A T L T D R O A I T S I I X L M O J
B U P E S G S S I D T J U O F T I M S Z
X I N V A E W H O A H E E R S F B A A Q
H C L O B A T D E I S R W P E D O R H G
E I G L D D R I Y A R T E I C V S R M T
N F Y K Y A A K H O R O U T N G T I Z S
O I C C N Z D R A W E T S A A S M A N E
T A T O T Q A E C M D V A H R W L G G K
J E E R F O W N O H Q V X U F T E E W L
D L A B T N E M E G A G N E A P N J T L
```

Solution on page 170

Shakespeare's Characters

```
T G A O L E R O Z S F M Q I M S J A G A
O N A I T A R G G D B E L A R I U S L T
I O U S T R A N I O I T N E C U L K I T
L M R O B E R T F A L C O N B R I D G E
O E I U L R L D O N A L B A I N U U A N
V L F T A B E F Z C A H P Y G N S C R E
L I P H L P S M L V H A E H R E C H I U
A H D W L B E E I A N L E R D A A E U Q
M P E E E I O N M T N N B I O R E S S A
H L M L B P I L H A R J N P R D S S U J
H A E L A A E I T Y J O Y O S N A O E K
E D T T L T N S T P M R M P R A R F G O
L Y R B O O N H H I A E I Y Y S N G E N
I A I H D H E I S M O T V S D S L L D A
C N U Q O S L U U Y C R E P S A M O H T
A N S J I A L S U I L E N R O C L S V N
N E R X R A R A S E A C S U I V A T C O
U I T I C F F U D C A M A R G A R E T M
S H O S N A H G U A V S A M O H T R I S
L L E O N T E S I H P A C F A B I A N E
```

BELARIUS

CAPHIS

CASSANDRA

CLEOPATRA

CORNELIUS

DEMETRIUS

DOLABELLA

DONALBAIN

DUCHESS OF GLOSTER

EGEUS

ESCALUS

FABIAN

GAOLER

GRATIANO

HAMLET

HELICANUS

HERO

JAQUENETTA

JULIUS CAESAR

KING HENRY THE SIXTH

LADY ANNE

LADY MORTIMER

LAVINIA

LEONTES

LIGARIUS

LUCENTIO

MACDUFF

MALVOLIO

MARGARET

MONTANO

OCTAVIUS CAESAR

PANTHINO

PHILARIO

PHILEMON

PYRAMUS

ROBERT FALCONBRIDGE

ROMEO

SIMONIDES

SIR JAMES BLOUNT

SIR JOHN STANLEY

SIR THOMAS VAUGHAN

SOUTHWELL

THOMAS PERCY

TRANIO

Solution on page 170

CHAPTER 2: **AROUND THE WORLD**

World Traveler

```
Y Y G N I P M A C O A C H O R P H R W N
A A A G F M U E G A G G U L O U M A O P
I P L W M Y W O E D I V R O T I S I V Y
R A I E N U S M O T S U C I F S T B R P
P S N V D U L D C P I Q C L X A O E H S
O S U I S K R A P L A N O I T A N O L T
R E S T A U R A N T S T G S T E T A I S
T N Y O L X A S Z O A S P S C O R C I I
R G R M S E M N N T I A S S G D K G S R
Y E A O M S T H I A E T V R E E H Y S U
T R R C S O E O I B L V A H T T I W A O
I F E O N U N L H G D P T N S X E F L T
R F N L A D I U T O H A D E R I Q B C L
U N I K E R X T M S C W E G V E G Z T V
C G T V C E X A C E A I A H Y N T D S F
E L I B O M O T U A N C G Y R C F N R S
S C T A R M A C I G S T M O J E K S I N
E Y F H B U B L T Q Y E S H I P V C F X
I H M A P S E D I L S N I A T N U O M L
O D F F D L E F Z X A P W S U N G Y T B
```

AIRPORT

AUTOMOBILE

BOAT

CAMPING

CASTLES

CATHEDRALS

COACH

CUSTOMS

DELAY

FIRST CLASS

FLOTATION DEVICE

HIGHWAY

HOTEL

INTERNATIONAL

ITINERARY

LOCOMOTIVE

LUGGAGE

MAPS

MEETINGS

MONUMENTS

MOUNTAINS

NATIONAL PARKS

OVERHEAD BIN

PASSENGER

PHOTOGRAPHS

PLANS

RESTAURANTS

RUNWAY

SCENERY

SECURITY

SHIP

SIGHTSEEING

SLIDES

STATION

SUITCASE

SUMMER

TARMAC

TAXI

TICKET

TOURIST

VIDEO

VIEWS

VISITOR

Solution on page 171

U.S. Capitals

ALBANY
ANNAPOLIS
ATLANTA
AUGUSTA
AUSTIN
BATON ROUGE
BISMARCK
BOISE
BOSTON
CARSON CITY
CHARLESTON
CHEYENNE
COLUMBIA
COLUMBUS
CONCORD
DENVER
DES MOINES

```
T R E N T O N C H E Y E N N E U S G X B
E N L O C N I L D N O M H C I R A N B O
G K V B K P H O E N I X B Y D N T I M I
U S C H G I E L A R L Q M F E O L S O S
O A Q R Y T I C N O S R A C N S A N N E
R L J A A W U E K Y P N K G V I N A T C
N E E A N M Y Y T C N R A N E D T L G O
O M F A I N S T T A O O O S R A A R O N
T D F L U B A I I I L R T V H M K T M C
A R E U N G M P B C C L E S I V M N E O
B O R A I U U U O J E A A L E D I T R R
N F S P T P D S L L E K M H T L E L Y D
O T O T S K S L T O I W A O A T R N L L
S R N S U O H P M A C S Q L H S I A C E
K A C A A S E N I O M S E D T A S L H E
C H I S I L O P A N A I D N I L L E C C
A A T G V V J C O L U M B U S L A K E K
J K Y Z Z O D L E I F G N I R P S S O M
J E F A T N A S F R A N K F O R T A V X
N O T S O B U L U L O N O H Y N A B L A
```

FRANKFORT	MONTGOMERY	SPRINGFIELD
HARTFORD	NASHVILLE	ST PAUL
HONOLULU	OKLAHOMA CITY	TALLAHASSEE
INDIANAPOLIS	PHOENIX	TRENTON
JACKSON	PROVIDENCE	
JEFFERSON CITY	RALEIGH	
LANSING	RICHMOND	
LINCOLN	SALEM	
LITTLE ROCK	SALT LAKE CITY	
MADISON	SANTA FE	

Solution on page 171

It's a Jungle Out There

```
H K U B G L P A J Q B I G C A T S M U H
W Y O F S R E V I R U M E L N O H T Y P
H P W E S M R O T S R E D N U H T I K K
C I P R R J E T P J G N G T H C Q G M P
T T L N O A Y T G A O O H K O E Z E O L
C T B S V T I Z S B R A R N T N S R N A
N Q P R S E C N B Y M D C F Q V P T K N
N O O H O X G I F E S R S E T I M R E T
S S Z Z O T G E R O E O I T M R S O Y S
O L O A O E A I T T R A C P A O L P S E
K F A Y M F C U E A S E E E D N A I E B
Q K R M B A R J Q R T N S F N M S C E N
X H U M I D U S A E E I O T O E H A R B
D S E K A N S D F T Z U O C C N A L T A
O F L T G C A R R A Q G X N A T N S A N
S Q B L J Q G A I E V W H J N O D L R Y
I D E N S E B Z C T M E N N A X B O Z A
E T A M I L C I A N V N I L A R U T A N
S E I C E P S L L A F N I A R H R H N Z
I N H U R F W T O U C A N O O S N O M U
```

AFRICA

AMAZON

ANACONDA

ANIMALS

ANTEATER

BANYAN

BIG CATS

BOA CONSTRICTOR

CLIMATE

CONCRETE JUNGLE

DENSE

ECOSYSTEM

ENVIRONMENT

EQUATOR

FERNS

FROGS

GIBBON

HOT

HUMID

IMPENETRABLE

LEMUR

LEOPARD

LIZARDS

MONKEY

MONSOON

NATURAL

NEW GUINEA

PLANTS

PYTHON

RAINFALL

RAINFOREST

RIVERS

SLASH AND BURN

SLOTH

SNAKES

SOUTH AMERICA

SPECIES

TARZAN

TERMITES

THUNDERSTORMS

TIGER

TOUCAN

TREES

TROPICAL

VEGETATION

Solution on page 171

Islands

```
Y T D P U E R T O R I C O A N T I G U A
A A T O A B U C N E C B K A G G G M U K
I S E C M H O A A E G A A A R R U H V G
S M R D Q I W E A L I R L R E U A A T N
L A E Q N I N S S D E A E N B O B I M O
E N V R A A T I O E P U A E O A E A N K
O I U T A E L K C A N D T K N R D V H G
F A O A R C B A G A A I I I R L F O M N
M T C D L A S O E Y N N P A A A A K S O
A R N B L A S A A Z A R D I L N A N A H
N N A I S W N W G W W E E K L I O S D A
A A V A J E D A A A L E L P R L C I A N
C N H Z D I L J C F D A N O U E I D P I
I T A F M M A L U L N A T I N B U H C L
A U I B I V I E E D A C M S I M L A P A
M C T K A J G R S H I D I S R A N I M T
A K I Y Y O I M A V C O A E A A W A C A
J E A C I S R O C L N Y B U R M U A K C
C T Z D N A L E C I T Q E Y G I O K H W
J J R S S A M A H A B Y F S H Q B A A T
```

ADMIRALTY

ALEUTIAN

ANTIGUA

ARUBA

ASCENSION

BAHAMAS

BALI

BARBADOS

BERMUDA

CANARY

CATALINA

CORSICA

CUBA

DOMINICAN REPUBLIC

EASTER

FALKLANDS

FIJI

GALAPAGOS

GREENLAND

GRENADA

GUADALCANAL

GUAM

HAITI

HAWAII

HONG KONG

ICELAND

ISLE OF MAN

JAMAICA

JAVA

KODIAK

MADAGASCAR

MAUI

MIDWAY

NANTUCKET

NEW ZEALAND

OAHU

OKINAWA

PHILLIPINES

PUERTO RICO

SAMOA

SEYCHELLES

TAIWAN

TASMANIA

TIERRA DEL FUEGO

VANCOUVER

VICTORIA

Solution on page 171

U.S. States

```
S I E N A N O T G N I H S A W A K E S C
T N D A T A I N A V L Y S N N E P O Y A
T D O U O N L E R A W A L E D D U I E L
E I A R K E O K O V B O O H A T L T S I
S A I H A W U R H R F H A N H L I E R F
U N N O D M I O A I I W I D I G O X E O
H A I D H E S Y D O A L A N M Q W A J R
C N G E T X I W I I O K O X O Q A S W N
A E R I R I A E I R O I A K S A L A E I
S W I S O C N N A T S A N O Z I R A N A
S H V L N O A C A I P P I S S I S S I M
A A T A Z N H A N I L O R A C H T U O S
M M S N X T M I N N E S O T A H P S M A
F P E D R N S D M A R Y L A N D V A I M
L S W O U U A K S A R B E N I T H S S O
O H N Y K C U T N E K K A N S A S N S H
R I A H P T C O N N E C T I C U T A O A
I R R T E N N E S S E E U T A H S K U L
D E C O L O R A D O A L A B A M A R R K
A A D A V E N M I C H I G A N F D A I O
```

ALABAMA

ALASKA

ARIZONA

ARKANSAS

CALIFORNIA

COLORADO

CONNECTICUT

DELAWARE

FLORIDA

HAWAII

IDAHO

ILLINOIS

INDIANA

IOWA

KANSAS

KENTUCKY

LOUISIANA

MARYLAND	NEW MEXICO	TENNESSEE
MASSACHUSETTS	NEW YORK	TEXAS
MICHIGAN	NORTH CAROLINA	UTAH
MINNESOTA	NORTH DAKOTA	WASHINGTON
MISSISSIPPI	OHIO	WEST VIRGINIA
MISSOURI	OKLAHOMA	
NEBRASKA	PENNSYLVANIA	
NEVADA	RHODE ISLAND	
NEW HAMPSHIRE	SOUTH CAROLINA	
NEW JERSEY	SOUTH DAKOTA	

Solution on page 171

Rainforests

```
S E F I L D L I W T S O R E C O N I H R
N C X I E T A M I L C G F P P L A N T S
X O O H A R P Y E A G L E E X M R G W X
F S Z G O B A A N O G A R D O D O M O K
B Y I A U R F L N E V R E S E R T M R S
F S E P M C A E L T F C E O F O C T G I
I T G K A A H N Z I E B O E O O I A R L
B E N N N K B A G W P A E L U T R J E I
F M O C I O O I M U W R T D W A T N D S
M P R T M F M B O E T L E E E K S G N A
Y M U O A G A R Y D L A A T R C N C U B
C S T U L T S R E T I E N C A O O T I A
A N N C S R A Y E L Z V O S I C C A R R
M I I A O W E M X V W T E N O P A B R K
R R B N O D P P N I C O N R S F O S S A
A A Y S E E Z N A P M I H C S C B R G K
H M S R R P B P V E G E T A T I O N T A
P A R A U G A J W R G D E T C E T O R P
C T T T Q R A P E S I L M E C F N Y B O
P E A C O C K S E I C E P S J U N G L E
```

AMAZON
ANIMALS
ANTEATER
APES
BASILISK
BATS
BINTURONG
BIODIVERSITY
BOA CONSTRICTOR
CASSOWARY
CATERPILLAR
CHAMELEONS
CHIMPANZEES
CLIMATE
COBRA
COCKATOO
ECOSYSTEM
FOSSA
HARPY EAGLE
HOWLER MONKEY
JAGUAR
JUNGLE
KAKAPO
KOMODO DRAGON
LEAF CANOPY
OKAPIS
ORANGUTANS

PEACOCKS
PHARMACY
PLANTS
PROTECTED
RED EYED TREE FROG
RESERVE
RHINOCEROS
SOIL
SPECIES
TAMARINS

TEMPERATE
TOUCANS
TROPICAL
UNDERGROWTH
VEGETATION
VIPERS
WILDLIFE

Solution on page 171

Small Towns

```
A U D N O T N E B T R O F W A B A N R Y
L N U Y R E P P O Y Z E N E M R C E U A
L I R R E R E I A T N I O S U I E E T R
O O A O V E T T T I O N T T L S N R A W
R N N K O D E T E C T O E P A T E G C E
Y H G C N I R S N E G M C O T O S G E L
W R O I A V S F O S N O N I E L E N D L
I B U H H L B I K R I N I N P L Y I L I
L R E B U E U E A E H E R T L T K L P V
M O F K E B R L P V S M P I I E S W L N
I O F O D L G D A A A V V C E E U O A E
N K I S R A D M W R W S Y S O A T B T E
G I N C O I F D B T E A W A R R E N T R
T N G I F V S J I R B E U Q U B U D S G
O G H U T A W F O M C A L I E N T E B E
N S A S R T L O B R O N X V I L L E U S
Z C M K A A M D N A L R E B M U C S R I
B J J O H B D N W O T S I R R O M X G O
C A R R I N G T O N E L L I V N A D H B
X D R E D W O O D F A L L S Y A W N O C
```

BATAVIA

BAY CITY

BELVIDERE

BOISE

BOWLING GREEN

BRISTOL

BRONXVILLE

BROOKINGS

CALIENTE

CARRINGTON

CONWAY

CUMBERLAND

DANVILLE

DECATUR

DUBUQUE

DURANGO

EFFINGHAM

FORT BENTON	PETALUMA	UNION
GREENVILLE	PETERSBURG	WAPAKONETA
HANOVER	PITTSFIELD	WARREN
HARTFORD	PLATTSBURGH	WASHINGTON
HICKORY	PRINCETON	WEST POINT
KOSCIUSKO	REDWOOD FALLS	WILMINGTON
MENOMONIE	ROLLA	WRAY
MIDDLEBURY	SENECA	
MOORESVILLE	TAOS	
MORRISTOWN	TRAVERSE CITY	

Solution on page 171

Airports

```
L L U G G A G E I E W Z D J S P F N U T
K A Y Y M N P N F L F V K M E U O H I U
A N Z H I N U N U H R G X A L I G X W V
I I X D G I Y K S P A N R G T H A R A S
R B N P N C E W E O D I O A T T T U L K
P A P N I O L A L H A K M Z U R E D K Y
L C K X K F E H A S R R N I H U R D W C
A T E R R F V Y G T O A E N S N A E A A
N I A A A E A T E F T P P E L W F R Y P
E S I Y P E T T N I C M H S E A R Y A S
S V R M M S O I O G E R A T T Y I D T I
R C L A R H R K Z G T E I A O C A A T F
O A I C E O S P E H E T R N H O T E E J
T P N H T P L O T X D G C D Z N K H N G
A T E I T G E L I D L N R S S C S R D Y
G A S N R X V I H N A O A A I O V E A F
I I H E O A A C W G T L F T S U B V N L
V N B G H S R E T N E C T S I R U O T A
A H O O S W T E J A M V X C E S K G S B
N N B C N I G P S C I N A H C E M Q I U
```

AIRCRAFT
AIRFARE
AIRLINES
AIRPLANES
ATTENDANTS
BOS
CABIN
CAPTAIN
CARRY ON
COFFEE SHOP
CONCOURSE
ELEVATORS
FUSELAGE
GATE
GIFT SHOP
HOTEL SHUTTLES
HOU
JET
KITTY HAWK
LANDING
LAX
LONG TERM PARKING
LUGGAGE
MAGAZINE STAND
MECHANICS
METAL DETECTOR
NAVIGATORS

NYC
OVERHEAD
PHL
POLICE
RADAR
RUDDER
RUNWAY
SHORT TERM PARKING
SKYCAPS
TAXI

TICKET
TOURIST CENTER
TRAVEL
VISITOR INFORMATION
WALKWAY
WHITE ZONE
X RAY MACHINE

Solution on page 171

Asian Nations

AFGHANISTAN

BAHRAIN

BANGLADESH

BHUTAN

BURMA

CAMBODIA

CHINA

INDIA

INDONESIA

JAPAN

KAZAKHSTAN

LAOS

MALAYSIA

MALDIVES

MOLDOVA

MONGOLIA

MYANMAR

NEPAL

NORTH KOREA

PAKISTAN

PHILIPPINES

SINGAPORE

SOUTH KOREA

SRI LANKA

TAIWAN

TAJIKISTAN

THAILAND

TURKMENISTAN

UKRAINE

UZBEKISTAN

VIETNAM

```
B N N B P T C M P S N A F H B A F D A R
N Q L U A R O C E H E A G C I S N X I A
C T K I N L L V Q R I C T S H A C A D M
V A W M D C I V O E A L E S L I M M O N
U A C O B D S K Y K U N I I I R N N B A
N Z V M L H H N A S O R A P U K C A M Y
A A B A Y T S Z U D M H B B P L I C A M
U I M E U Z A B N J T O K O J I A J C H
K C L O K K B I A I S Y A L A M N O A U
G W S O H I J N O R T H K O R E A E S T
F L Z S G H S A G T K S S B M M O S S I
N H T O M N Z T P G G F I R A L T A H N
N A Z Q U Z O G A A D L P N I H H T H D
N B H U T A N M N N N K I B G L R O T I
N A T S I N E M K R U T U U R A A A C A
C Z M I W N A T S I N A H G F A P N I C
N I D P A K I S T A N L A P E N C O K N
Y N D F H Z I E N I A R K U A W V Q R A
E E E V H S E D A L G N A B G N J U H E
U V G M M S G T E P A D M A N T E I V Q
```

Solution on page 172

The Land Down Under

ABORIGINES

AYERS ROCK

BLUE MOUNTAINS

BRISBANE

BROLGA

BUSH

CANBERRA

COMMONWEALTH

CONTINENT

CORAL SEA

CRICKET

DARWIN

DERWENT RIVER

EMU

EUCALYPTUS TREE

GOLD COAST

```
A I N A M S A T G F W O M B A T K T Y B
B I C O M M O N W E A L T H T R E P E A
O U R U L U G R E E N I S L A N D N N G
R H U A U U O P E R A H O U S E A U D L
I T H E T T A Y E R S R O C K M R L Y O
G N T S I N J A M E S C O O K U W L S R
I E R L A E E B R I S B A N E R I A Y B
N N A A R W P P C R I C K E T R N B T L
E I T R T S S A R R U B A K O O K O R U
S T R O S O E U C A L Y P T U S T R E E
U N O C S U H S U B C A L A O K U P S M
O O P A E T O O S T O F L P K E E L E O
N C L N R H P E N A L C O L O N Y A D U
E K A B R W Z C J E L L Y F I S H I I N
G A T E O A U W W R Y B A L L A W N M T
I K Y R T L K A N G A R O O U U B C A A
D A P R R E V I R T N E W R E D G N N I
N D U A V S O U T H A U S T R A L I A N
I U S W I M M I N G G O L D C O A S T S
F N W X E N R U O B L E M O U T B A C K
```

GREAT BARRIER REEF	MELBOURNE	SYDNEY
GREEN ISLAND	NEW SOUTH WALES	TANAMI DESERT
GULF OF CARPENTARIA	OPERA HOUSE	TASMANIA
INDIGENOUS	OUTBACK	TORRES STRAIT
JAMES COOK	PENAL COLONY	ULURU
JELLYFISH	PERTH	WALLABY
KAKADU	PLATYPUS	WOMBAT
KANGAROO	PORT ARTHUR	
KOALA	SOUTH AUSTRALIA	
KOOKABURRA	SWIMMING	

Solution on page 172

U.S. Cities

ALBUQUERQUE
ATLANTA
AUSTIN
BALTIMORE
BOSTON
BUFFALO
CHARLOTTE
CHICAGO
CINCINNATI
CLEVELAND
COLUMBUS
DALLAS
DENVER
DETROIT
EL PASO
FORT WORTH
FRESNO

```
E D E T R O I T E R M D N A L E V E L C
S N O T S O B L E I F A S Q C A H A M O
O A S L U T L V N R L I S O N I T S U A
J P M W C I N N E B U I L A T N A L T A
N F J O V E E S U O L U H O G A C I H C
A R A H D A N Q L O M C A M O H A L K O
S E S H P O U T P B A D N A L T R O P Z
P A L O O E S A U E I T A N N I C N I C
N H L L R N N S B P I T T S B U R G H X
B I I Q I A O A O C S I C N A R F N A S
S A U L I V I L E S H K O M W A H O L S
C E L D A N N E U T N T R A I C P O G A
H H N T I D K O R L N A S O A A S K O N
B I A G I U E O S E U H E E Y A M G S A
Q U R R A M W L M K I C B L N W E I A N
Q I F W L T O A P N C G D G R I E H L T
V C L F R O R R G H N A E P D O C N L O
E I D O A C T T E O I L J N E Z W P A N
M P F C A L O T L G E A A D K T V E D I
H S S S N N O T E S W S O S A P L E N O
```

HONOLULU CDP
INDIANAPOLIS
JACKSONVILLE
LONG BEACH
LOS ANGELES
MIAMI
MILWAUKEE
MINNEAPOLIS
NASHVILLE
NEW ORLEANS

NEW YORK
OKLAHOMA
OMAHA
PHILADELPHIA
PITTSBURGH
PORTLAND
SACRAMENTO
SAN ANTONIO
SAN DIEGO
SAN FRANCISCO

SAN JOSE
ST LOUIS
TULSA
VIRGINIA BEACH
WASHINGTON

Solution on page 172

A Trip to South America

```
W W Q U I T O I Y Y Y G Y W D H W O C A
U J Q Q V N A L I L O S O V E U N C I K
R C H I L E V A N D E S Q A O L A P A Z
E F W E X N N C A R A C A S W N N N K W
E D Q O O I M E I N O B I R A M A R A P
J G N E R T T A Z C A A J C Z E E L N A
G I O D I N S R Z U R I O O C A C N I R
C U I I E O O U E A E N U O T T O V T A
M X C V N C C Y P S D L C G O K C S N G
W F N E A L A L A A E I A G H C I U E U
X W U T J M A Y R L F D E R A C T C G A
D B S N E V A O E I C O A M L N N R R Y
Q O A O D C G L C N R I I M R J A E A P
Z L W M O A O A L G N L H O A T L Y R U
H I Z A I J P L E F E E D C I C T D U F
H V S T R A I T O F M A G E L L A N I G
G I N O G P O R I M U R T S O K F T Y E
S A S G N W E C O C B L R O D A V L A S
S E A O N S E R E F L I Z A R B Q B C E
P I V B T R Q N U R E M A N I R U S G U
```

ANACONDA

ANDES

ARGENTINA

ASUNCION

ATACAMA DESERT

ATLANTIC OCEAN

BOGOTA

BOLIVIA

BRAZIL

BUENOS AIRES

CARACAS

CAYENNE

CHICLAYO

CHILE

COLOMBIA

CONTINENT

CUZCO

ECUADOR

FRENCH GUIANA

GEORGETOWN

GUYANA

INCA

LA PAZ

LIMA

LLAMA

MONTEVIDEO

NUEVO SOL

OSTRUM

PACIFIC OCEAN

PARAGUAY

PARAMARIBO

PERU

PESO

QUITO

RAINFOREST

RECIFE

RIO DE JANEIRO

SALVADOR

SANTIAGO

STRAIT OF MAGELLAN

SUCRE

SURINAME

VALPARAISO

VENEZUELA

Solution on page 172

African Nations

```
L W L K A C I R F A H T U O S W A A S A
T L S L E S O T H O I L A M S I L U U Y
G K W E C M S E N E G A L K N O Q S D B
W H A I U O A D A L R I Q A G S M G A I
T F Z D W Q N D L I E B Z N E I A H N L
G E I L S A I G A Y L N A W L E Q A A E
A F L I M R L B O G A A B I E R T N A A
B R A R E E S A M T A A M T D R H A I D
O O N O P I P E M A B S H O C A E I R N
N M D W K R V N Y M Z I C A S L G D E A
M O R O C C O O I C O O P A A E A N B G
A E N I U G F Z R P H E M I R O M U I U
A N A W S T O B I Y V E R E A N B R L U
A A I B M A Z A A E C E L Y R E I U V A
D Q Y W U M D U R I G O N L J I A B I D
N Z L W Q G X D G I B E A B E A T R S A
A F I V A V E K N X K I L S A S E R R H
W M A U R I T A N I A J M W T G B P E C
R O T U N I S I A E T S U A L T O G O A
I O Y V N O O R E M A C C A N T P Y G E
```

ALGERIA

ANGOLA

BOTSWANA

BURUNDI

CAMEROON

CAPE VERDE

CHAD

CONGO

EGYPT

ERITREA

ETHIOPIA

GABON

GHANA

GUINEA

IVORY COAST

KENYA

LESOTHO

LIBERIA

LIBYA

MADAGASCAR

MALAWI

MALI

MAURITANIA

MOROCCO

MOZAMBIQUE

NAMIBIA

NIGERIA

RWANDA

SENEGAL

SEYCHELLES

SIERRA LEONE

SOMALIA

SOUTH AFRICA

SUDAN

SWAZILAND

TANZANIA

THE GAMBIA

TOGO

TUNISIA

UGANDA

ZAMBIA

ZIMBABWE

Solution on page 172

European Vacation

```
M U S E U M G F S N L V M E O Y C O S M
A U H U Z P E P B U F O G E R M A N Y I
R U S C S E A D G K P E R V U O L H K X
X F T A L I F N I G H T L I F E F A C K
N R P S N H A B O T U A G B E P K E T A
I C B Q E Z B A R C E L O N A H V B B C
T K O P C F B F W E E R F O X I O O R E
Y H M Z G L R B I B P A R I S A A T I N
L S I E N O F E M T T N I A R T L F E A
U A G K I R R G B R J L J O N A F P S L
G D K S I E B U L O I H B H G E O C S P
Q N E H K N O Q E P T U K U L G A T T R
L T Z C S C G I D S A K T T R N E N S I
Q O S Y N E C D O S E R O E D K A C I A
U E N G L A N D N A O W E I C S J G R J
T H V D S A R I A P E C N I S L M O U O
B C Z T O C T F S R E A T I V T E M O R
N E L V Z N F I X I V Q O S E I N E T O
S E U D A M Z A V I U R X D Y R R E F Q
S B V B F X E R A W C C P O S I N D P I
```

AIRPLANE

ALPS

AUTOBAHN

BARCELONA

BEECH

BELGIUM

BOAT

CAFE

CASTLE

CROISSANT

CUISINE

EIFFEL TOWER

ENGLAND

EURO

FERRY

FLORENCE

FRANCE

GERMANY

GREECE

HIKING

HOTEL

ITALY

LONDON

LOUVRE

MEDITERRANEAN

MUSEUM

NIGHTLIFE

OKTOBERFEST

PARIS

PASSPORT

PORTUGAL

RIVIERA

ROME

SCANDINAVIA

SEINE

SKIING

SPAIN

TICKET

TOURIST

TRAIN

VISA

WIMBLEDON

Solution on page 172

National Capitals

AMSTERDAM

ANKARA

BAGHDAD

BRUSSELS

BUCHAREST

BUDAPEST

BUENOS AIRES

BUJUMBURA

CAIRO

CAPE TOWN

COPENHAGEN

DAMASCUS

DUBLIN

FREETOWN

GABORONE

GEORGETOWN

GIBRALTAR

HAVANA

HELSINKI

ISLAMABAD

JAKARTA

JERUSALEM

KATMANDU

KUALA LUMPUR

LA PAZ

LIMA

LISBON

LONDON

MADRID

MANAMA

MAPUTO

MEXICO CITY

MOSCOW

NAIROBI

NASSAU

NIAMEY

NICOSIA

OSLO

OTTAWA

PARIS

PHNOM PENH

ROME

SAN JOSE

TIRANA

```
N N W S E K J A D Z J O O I A N A R I T
I F B A M A N A M M A D R I D A T W H N
A R H L K O R T L G L P Y Z U S I R A P
M E A A G A M S T E R D A M A S C U S C
E E R I K K N I C O S I A L C A I R O D
Y T L N D Y O P E R A R U B M U J U B K
A O A A F W T Q S G T U U I A J E R I I
N W Q K S T B I K E T E N M N M U R K A
A N N N U U C B C T N D X E O S A C N J
V C O O A R O S O Z X N R S K E L I J
A R Y T B I L E S W C O T E H Y S W S N
H A K D T S R A J N R I L S N W O B L I
P T M W V A I O L O I S X S E E J A E L
R L A O H R W L B U X J C E P P N G H B
X A P C E T W A W I M H U N M E A H N U
E R U S N E G A H N E P O C O F S D R D
F B T O X K A T M A N D U S N D J A U N
M I O M J D T L D L X M L R H B N D P B
U G L E D R B S J L R O C A P E T O W N
U H H U A J W W K N W I K W C A M I L Y
```

Solution on page 172

CHAPTER 3: **THE ANIMAL KINGDOM**

Wild World of Animals

```
Z G R I B T K U F U E N G N R P J Y E Y
L G M U A L L I G A T O R O G J P O Z Z
A W V B F L A M I N G O A O H X A P T L
Z C V B A L D S I U E O T C F T R K I Q
H C K P R A B B I T L P T C C E R W A O
M J L L C H I N C H I L L A R Q O A Q Y
G O H E G D E H N Y D F E R B E T H W K
Y H G I R A F F E H O E S V L O V W B Q
I F C Y P D G W V M C I N G G D F A I W
R P W I V M O U S E O R A I E E B Z E B
N B G Z R L L L B N R E K B P O R N O B
T H P D F T E M P I C E E E O U R B Z A
U Y V H U R S E O H H D L N L D C X I G
K J S R R R N O S V I E Q E E A Z R L L
V J E I A G A K A H P N L L T L R L O X
C D U T U M O L T H M O S A N E A B L P
N Q L I Z A R D A X U I K H A M S T E R
S C N G V N U N J O N L U W A A N S M Z
J L A E S M T A H F K X N X A C C V U T
I X P R F Y N W X P T P K C Q R L D R Z
```

ALLIGATOR

ANTELOPE

BABOON

BAT

BEAVER

BOBCAT

CAMEL

CHINCHILLA

CHIPMUNK

CROCODILE

DEER

DOLPHINS

EAGLE

ELEPHANT

FLAMINGO

FOX

GERBIL

GIRAFFE

GUINEA PIG

HAMSTER

HAWK

HEDGEHOG

KOALA

LEMUR

LION

LIZARD

LLAMA

MOUSE

OSTRICH

PARROT

PENGUIN

PORCUPINE

RABBIT

RACCOON

RATTLE SNAKE

SEAL

SKUNK

SQUIRREL

TIGER

VULTURE

WARTHOG

WHALE

WOLF

YAK

ZEBRA

Solution on page 173

Dogs and Cats

```
L P T N S H E E P D O G T E R R I E R L
A Y E A B R E N A R A M I E W O O V P E
B F S I L S I B E R I A N E I L L O C I
R G S N O G R E Y H O U N D Z N D G S N
A B A I O E S E N A V A J F Y O O M C A
D O B S D E N A D T A E R G B L A W O P
O R I S H O U D X K W D R E D I E E T S
R D R Y O T M N E O N E R E N B L L T R
R E I B U B A L H U L M N E K O G S I E
E R S A N M P C H I A R C E V X A H S K
T C H F D I W S E N E O P U G E E C H C
R O S W E O H W P T O Z A Z E R B O T O
I L E F H C T I R N P E R S I A N R E C
E L T C A T N I A U H A U H I H C G R G
V I T D O S E P E K I N G E S E L I R O
E E E R C V S A I N T B E R N A R D I D
R L R H E C W Y N D A L M A T I A N E L
K V E R T O N K I N E S E Y C I O Z R L
R R G E R M A N S H E P H E R D B A C U
J P O M E R A N I A N E S E N I L A B B
```

ABYSSINIAN

BALINESE

BASSET

BEAGLE

BLOODHOUND

BORDER COLLIE

BOXER

BULLDOG

CHIHUAHUA

CHOW CHOW

COCKER SPANIEL

COLLIE

DACHSHUND

DALMATIAN

DOBERMAN PINSCHER

GERMAN SHEPHERD

GOLDEN RETRIEVER

GREAT DANE

GREYHOUND

IRISH SETTER

JAVANESE

KELPIE

LABRADOR RETRIEVER

MAINE COON

MANX

PEKINGESE

PERSIAN

POMERANIAN

PUG

ROTTWEILER

SAINT BERNARD

SCOTTISH TERRIER

SHEEPDOG

SIBERIAN

TERRIER

TONKINESE

WEIMARANER

WELSH CORGI

Solution on page 173

Insects

```
L L E F X N K M F S U G R L Y C M U P T
O I S Z I K R X I D I H P A L O E R K E
C V U W T O B L E L T E E B F C A E S N
U E O H W E V N S B P F F Y T K L G G R
S E L W U E K H G E O G V W I R W G I O
T W O C R I S C O U E L E U U O O I W H
F L F F X I D I A R B B L R R A R H R J
G M I M B I T B T J S Y T W F C M C A S
S S O W D E G J P N W E D E E H J D E B
H T H Y R I U R B X A O F A K E O E Q U
H L T M A O G P A J Y M L L L C V Q B T
R A I W A S P O C S A L G L Y J I I V T
K T W A T E R B U G S D F N E O D R L E
E N Y L F E S U O H X H A D I Y A H C R
C V Q M L G U B L L I P O C A Y T N K F
K C I T S G N I K L A W K P I G A A T L
V H Q A T C O T I U Q S O M P C Q R N Y
A X E N S T I N K B U G C I X E T N P G
R L L Q Q D R A G O N F L Y F K R C F M
F F X Y L F E R I F G U B D E B V K D Q
```

ANT

APHID

BEDBUG

BEE

BEETLE

BOLL WEEVIL

BUTTERFLY

CHIGGER

CICADA

COCKROACH

CRICKET

DRAGONFLY

EARWIG

FIREFLY

FLEA

FRUIT FLY

GADFLY

GLOWWORM

GNAT

GRASSHOPPER

HORNET

HORSEFLY

HOUSEFLY

KATYDID

LADYBUG

LOCUST

LOUSE

MEALWORM

MOSQUITO

MOTH

PILL BUG

PRAYING MANTIS

SILVERFISH

STINKBUG

TERMITE

WALKING STICK

WASP

WATER BUG

WEEVIL

YELLOW JACKET

Solution on page 173

Something Fishy

```
E P V Y C P M I R H S H P Y C F F U Q R
Z X U V T A H G S E Y E L L A W H G S B
G O Y S T E R I N C R A P P I E S C S C
C Z D H S I F D R O W S R D S F I L Z T
O X G L G N D U E M T C E G J U F K U W
O C S Q U U P R A C N K S A N E R N L Q
L E T S H M O C Z Y T H N I B I A O N K
T A L O W I K R X B G S A A M A T A O L
G R O U P E R E E O Y I P L L Q S S I O
V C W Y R U Y P L G Z F B A I P V S N B
L E Q E J V S P G O N R A M H B Z X U S
Y E L L O W T A I L S A R K S L U L R T
J B R H L T A N G E L T R E D U L T G E
K A C E I I V S R E H I A O E H X P K R
D N A E K J G D B E H U C G E X I I T O
A E T L N C P E R N R G U A W R P V V V
R M F T M E I R U C B P D M A R L I N V
T O I S R G I P H L P U A N E G Q M S Z
E N S C R N L I E Y B V H S S A L M O N
R E H L G T N T C O R A L C P G R I J M
```

ANCHOVY

ANEMONE

ANGEL

BARRACUDA

BLUEGILL

BULLHEAD

CARP

CATFISH

CHUB

CORAL

CRAPPIE

DARTER

EEL

GOBY

GROUPER

GRUNION

GUITARFISH

GUPPY

HALIBUT

HERRING

LOBSTER

MACKEREL

MARLIN

OCTOPUS

ORANGE ROUGHY

OYSTER

PERCH

PICKEREL

PIKE

PIRANHA

PLANKTON

RED SNAPPER

SALMON

SEA BASS

SEA URCHIN

SEA WEED

SHRIMP

SOLE

STARFISH

STINGRAY

SUNFISH

SWORDFISH

TUNA

WALLEYE

YELLOWTAIL

Solution on page 173

Reptiles

ALLIGATOR

BOX TURTLE

BROWN ANOLE

CHUCKWALLA

COLD BLOOD

COPPERHEAD

COTTONMOUTH

CROCODILE

FLORIDA SOFTSHELL

GECKO

GILA MONSTER

GREEN ANOLE

GREEN TURTLE

GROUND SKINK

HAWKSBILL

IGUANA

LEATHERBACK

LIZARD

LOGGERHEAD

PAINTED TURTLE

RIVER COOTER

SCALES

SLIDER

SNAKE

SNAPPING TURTLE

SPECTACLED CAIMAN

TERRAPIN

TORTOISE

WESTERN SKINK

WHIPTAIL

```
W E S T E R N S K I N K T J L Q O S F K
D Q P L I Z A R D A K A H E B C T L D Z
A S V A I S C M L X L A A W O R O C A L
E Z P L I P N L B G C T E T O R B R E R
H Y T E C N I A R O H P T R I H R O H C
R V G D C G T E P E K O F D S T O C R N
E R S L A T E E R P N C A Q N Y W O E K
P G E T Y N A B D M I S E D A U N D G G
P E O T A A A C O T O N W G K M A I G R
O R S N O C L U L F U L G V E M N L O E
C P O I K O T L T E D R I T G Z O E L E
B L B M O H C S A S D O T A U S L O H N
E I O L U T H R R W C C O L T R E X Q T
T G X B H E R F E E K A A L E P T R O U
A U T B L N N O R V D C L I B W I L F R
Z A U L A K O K T J I I U E M D B H E T
L N R T E R R A P I N R L H S A L T W L
Z A T L L I B S K W A H Q S C R N O Z E
P B L R Z C G R O U N D S K I N K M C N
W P E K K G I L A M O N S T E R J O J T
```

Solution on page 173

Jurassic Animals

ANUROGNATHUS

ARCHAEOPTERYX

BARONYX

BRACHIOSAURUS

COELOPHYSIS

COELURUS

COMPSOGNATHUS

CRYPTOCLEIDUS

DEINOSUCHUS

DILOPHOSAURUS

DROMAEOSAURUS

DROMICEIOMIMUS

DWARFALLOSAUR

EUSTREPTOSPONDYLUS

HETERODONTOSAURUS

HYPSILOPHODON

IBEROMESORNIS

KOOLASUCHUS

LEPTOPTERYGIUS

LUFENGOSAURUS

MINMI

MONOCLONIUS

OPHTHALMOSAURUS

ORNITHOLESTES

PACHYCEPHALOSAURUS

PHYTOSAUR

POSTOSUCHUS

PTERODACTYLUS

RHAMPHORHYNCHUS

VELOCIRAPTOR

```
G W W X S E T S E L O H T I N R O J F D
M I N M I S U I G Y R E T P O T P E L R
D H E T E R O D O N T O S A U R U S T O
J L D R O M I C E I O M I M U S Q W P M
P T E R O D A C T Y L U S S T S B H H A
K D W A R F A L L O S A U R I U T V Y E
B S U R U A S O L A H P E C Y H C A P O
R S U H C U S O T S O P F S A C R R S S
A V E L O C I R A P T O R L Y N Y C I A
C B S U H T A N G O S P M O C Y P H L U
H A R S U H C U S A L O O K R H T A O R
I R Y E O J Z P T F S Y P K U R O E P U
O O A N U R O G N A T H U S A O C O H S
S N D E I N O S U C H U S C E H L P O U
A Y N Q D K P R U A S O T Y H P E T D R
U X V Y P S U I N O L C O N O M I E O U
R I L S I S Y H P O L E O C Y A D R N L
U U L U F E N G O S A U R U S H U Y K E
S U R U A S O H P O L I D C F R S X I O
N N D W H X S I N R O S E M O R E B I C
```

Solution on page 173

Horses

AKHAL TEKE

ALTER REAL

AMERICAN PAINT HORSE

AMERICAN SADDLEBRED

ANDALUSIAN

APPALOOSA

ARABIAN

BELGIAN WARMBLOOD

BRETON

CHINCOTEAGUE PONY

CLYDESDALE

CONNEMARA PONY

DUTCH WARMBLOOD

FRIESIAN

HANOVERIAN

ICELANDIC

LIPPIZAN

MINIATURE HORSE

MORAB

MORGAN

NORWEGIAN FJORD

OLDENBURG

PALOMINO

PASO FINO

PERCHERON

PERUVIAN PASO

PINTO

QUARTER HORSE

RACKING HORSE

SADDLEBRED

SHIRE

THOROUGHBRED

TRAKEHNER

WELSH

```
D D K L M I N I A T U R E H O R S E C B
O R G A T D E H A N O V E R I A N A O W
O O Z E H E S D A O F O N C W S A M N G
L J Q R O R R E P N R L A E E P P E N B
B F U R R B O R P I I D Z H L E E R E E
M N A E O E H B A F E E I B S R N I M L
R A R T U L G E L O S N P R H U A C A G
A I T L G D N L O S I B P E M V I A R I
W G E A H D I D O A A U I T O I S N A A
H E R C B A K D S P N R L O C A U P P N
C W H L R S C A A U G G A N A N L A O W
T R O Y E N A S B A R O M Y C P A I N A
U O R D D A R P A L O M I N O A D N Y R
D N S E C C E K E T L A H K A S N T P M
C Y E S X I P E R C H E R O N O A H I B
S Q N D Z R C I C E L A N D I C V O N L
V T M A F E T R A K E H N E R W L R T O
S C T L W M D Z D K N A I B A R A S O O
Y D S E U A N A G R O M E R I H S E D D
R Q L Y N O P E U G A E T O C N I H C J
```

Solution on page 173

Warm-Blooded Animals

```
R C Z F I H M C Q H G O A T K D A R E W
E W H D Y C L H G W A Z R P W U D W F H
S P D A T A N L M Z Z D D Z W C N Q L P
H R J E P T N A H P E L E S H K Z C O H
V J A Q H O Y H M N L A O E V B H I W W
Y K U C F W R H I R L R A N O I L J H G
W D T R C E Z P N P E K N W N L T V A N
H U A A V O U M O C P M I C H L E Y L M
T C M A C C O G O I G O H V L E S A E W
O E E Q R G O N O M S I P D W D O L P S
L B T O G D I U H R L E L O P P M C G H
S T P A I H V P G L I X O G T L R L K C
B T E R R E F A A A R L D S M A A E N Q
M A S E A I S T R E R E L R H T M M U L
Q B U E F O I E T K N D T A A Y D U K L
N N D D F G T A F N V I T T Z P M R S A
O Y T F E S E H O R S E U N O U O E N M
K V Z R M T H E D G E H O G R S A E U A
K L A A N X P F T H U L Z Z C L Y P L K
C T H A Z I T G C F J W N E T H Z Q E D
```

AARDVARK

ANTEATER

APE

BAT

BEAVER

CAMEL

CAT

CHEETAH

CHINCHILLA

COUGAR

DEER

DOGS

DOLPHIN

DUCK BILLED PLATYPUS

ELEPHANT

FERRET

GAZELLE

GIRAFFE

GOAT

GORILLA

GUINEA PIG

HAMSTER

HEDGEHOG

HIPPOPOTAMUS

HORSE

HYENA

LEMUR

LEOPARD

LION

LLAMA

MARMOSET

OTTER

PORCUPINE

PORPOISE

RACCOON

RAT

RHINOCEROS

SEAL

SKUNK

SLOTH

TIGER

WEASEL

WHALE

WOLF

Solution on page 173

Endangered Species

AFRICAN WILD DOG

ASIAN ELEPHANTS

BLUE WHALES

BOWHEAD WHALES

BURROWING OWLS

CALIFORNIA CONDORS

CHEETAHS

DAMA GAZELLES

DHOLE

ELF OWLS

ETHIOPIAN WOLVES

FLORIDA PANTHERS

GORILLAS

HUMPBACK WHALES

HYACINTH MACAWS

KAKAPO

KERMODE BEARS

LOGGERHEAD SHRIKES

MANATEES

ORANGUTANS

PANDAS

PHILLIPPINE EAGLE

PRAIRIE CHICKENS

PROBOSCIS MONKEYS

QUOLLS

SAIMAA RINGED SEAL

SEA TURTLES

SPOTTED OWL

SWIFT FOXES

TAPIRS

TASMANIAN DEVILS

```
S A B O W H E A D W H A L E S S B S K M
N S D A M A G A Z E L L E S A Q S E Q A
E I C S G X B T M E Q S M I C L Y V S L
K A I A E O A L L A P U M N I C B L F O
C N S A L P D F U O N A O V R U S O L G
I E D R I I O D T E A A E L R G E W O G
H L S R A W F T L R W D T R L S X N R E
C E S N L E E O I I N H O E E S O A I R
E P C S A D B N R A W W A A E S F I D H
I H D H O T G E I N I N T L A S T P A E
R A O W E E U N D N I U A L E S F O P A
I N L P D E A G G O R A L C A S I I A D
A T I S A M T O N T M I C D I P W H N S
R S E Z S K W A L A R R N O B R S T T H
P A U A F L A E H O R A E O N M F E H R
L C T U S D S K G S P O O K E D U A E I
P H I L L I P P I N E E A G L E O D R K
M S Y E K N O M S I C S O B O R P R S E
C D E Y S E L A H W K C A B P M U H S S
E L O H D S W A C A M H T N I C A Y H F
```

Solution on page 174

Pets

ANT FARM

AQUARIUM

BIRD

BOA CONSTRICTOR

CAT

CHAMELEON

CHINCHILLA

COCKATIEL

DOG

GECKO

GERBIL

GOLDFISH

GUINEA PIG

HAMSTER

HARE

HORSE

KITTEN

LIZARD

MOUSE

NEWT

PARROT

PEDIGREE

PONY

PUPPY

RABBIT

RAT

REPTILE

SNAKE

TORTOISE

TROPICAL FISH

TURTLE

```
R N I C H A M E L E O N A N T F A R M R
Z I V R A Q D C F M H U V R Q R G T E E
N Y G V I T R X A I T R E I H A U K Y T
T O R R A P I O S T L P T O E T I T H S
L Y Q N U S B D F E T W Y E S K N N D M
X I P C G O D G I I F U B E R W E I R A
E K Z Z B V A T L T F W O R O C A X Y H
I P K A I S A E I W W H A G H B P W R I
H A U I R K H A T V M I C I L C I G S M
V S R P C D Q R G Q I Q O D C I G M O S
T E Z O P U N E T T I K N E H G B U Q K
V O C P A Y X D U H C S S P I D S R D Q
O O R R H S I F D L O G T T N E O J E X
X C I T E V R E X C X P R I C Y N O P G
S U K K O I X L W K B N I B H O K C E G
M M A V M I T U R T L E C B I X T X X K
X N D S R J S H D D L K T A L Q Y W A I
S L S H R E T E U G G Y O R L W G A E Q
E K N Q I M V K E L J H R G A H A R E N
S L Q F D R M T R O P I C A L F I S H J
```

Solution on page 174

Bird Watching

AUDUBON

BINOCULARS

BOBWHITE

BUZZARD

CANARY

CARDINAL

CHICKADEE

COCKATOO

CONDOR

CORMORANT

DUCK

FALCON

FEEDER

FIELD GUIDE

FINCH

GOOSE

GULL

HUMMINGBIRD

LOON

LOVEBIRD

MALLARD

MIGRATION

MOCKINGBIRD

NIGHTINGALE

OBSERVATION

ORIOLE

ORNITHOLOGY

OSPREY

OSTRICH

PARROT

PARTRIDGE

PELICAN

PENGUIN

ROADRUNNER

SPARROW

SWALLOW

TURKEY

WARBLER

WOODPECKER

```
X C H M G T M R M Z J Q N W C A S X R M
N J O G K O R I N A H L G T H L V P E T
L Y E R D H O W Z A L E B U Z Z A R D S
P B L M M V P S U P C L O X M R P M E L
E T O M Q O E I E Q D I A M T F U Y E S
N O I T A V R E S B O R L R I F E O F P
G R R J N S D A L L O K I E D R M C I A
U R O A P A R Q N A V D L B P O J A N R
I A R T K V G A D T G D A S C Q R N C R
N P W C R L T R L E G N O K M R F A H O
H H I L T A U V H U M M I N G B I R D W
K H O O F N R B I O C N N T B A Y Y U O
C B S V N I K D H Y G O L O H T I N R O
U R T E C D E R F B B I N S O G U K O D
D E R B U R Y A I U I T W I Y L I T D P
X X I I I A L R D L E A L Z B G A N N E
G D C R K C D U V E L R T P J K B Y O C
A U H D O I A G Y L O G E R C H B E C K
S S L N Y V M G O N P I B O B W H I T E
Q R E L B R A W K Q V M C E E T Z Z S R
```

Solution on page 174

Extinct Animals

AMERICAN CHEETAH

AMERICAN LION

ANTILLEAN CAVE RAT

CAROLINA PARAKEET

COROZAL RAT

EELGRASS LIMPET

ESKIMO CURLEW

GIANT DEER MOUSE

GLYPTODON

GREAT AUK

GUAM FLYING FOX

GULL ISLAND VOLE

HEATH HEN

HELMETED MUSK OX

KIOEA

LAYSAN CRAKE

NEWFOUNDLAND WOLF

PALLID BEACH MOUSE

PASSENGER PIGEON

PENASCO CHIPMUNK

PUERTO RICAN SHREW

SMILODON FATALIS

TACOMA POCKET GOPHER

TECOPA PUPFISH

TEXAS GRAY WOLF

WAKE ISLAND RAIL

YUKON WILD ASS

```
F L O W Y A R G S A X E T K V E Q O I Z
X X W P U E R T O R I C A N S H R E W G
O O E T A R L A Z O R O C U S N S H T S
K F L O W D N A L D N U O F W E N A E E
S G R O K V A Q D M F M M W T T R T S L
U N U N E H H T A E H Y A E E E A E I O
M I C G P X U O O C U K P C V K M E L V
D Y O P M S J S A K E M O A G A E H A D
E L M H F B Z E O I I P C M L R R C T N
T F I C D R B N S L A N K P Y C I N A A
E M K T M D W L S P A U E W P N C A F L
M A S Y I I A S U E A W T U T A A C N S
L U E L L N A P L T N K G G O S N I O I
E G L D D R F L A V Q P O K D Y L R D L
H A A R G I I E A M P M P I O A I E O L
P S A L S T R Y B X L X H O N L O M L U
S I E H N G E S U O M R E E D T N A I G
L E C A R O L I N A P A R A K E E T M M
C A W P A S S E N G E R P I G E O N S F
P E N A S C O C H I P M U N K O B K M N
```

Solution on page 174

Snakes

ANACONDA

ASP

BARBA AMARILLA

BLACK SNAKE

BOA CONSTRICTOR

BOOMSLANG

BUSHMASTER

COBRA

COPPERHEAD

CORAL

COTTONMOUTH

DEATH ADDER

DIAMONDBACK

GARTER

KINGSNAKE

LEAFNOSE

MAMBA

MILK SNAKE

PUFF ADDER

PYTHON

RACER

RAT SNAKE

RATTLESNAKE

ROSY BOA

RUBBER BOA

SHARPTAIL

SIDEWINDER

VIPER

WATER MOCCASIN

WHIPSNAKE

```
B C O P P E R H E A D A V G F S R P B H
U L A O B R E B B U R U N X H U A U X Z
M M A K Z U A L C K O A D A M T T F E F
V I H C X A E D L O L Y R F Q Y T F K R
O S L D K A I H B S R P X J A B L A A E
X P Q K F S M F M F T A Q C O B E D N D
C Q Y N S T N O M A O C L A W A S D S N
Z D O T C N O A I R O K C A E R N E T I
O S G O H B A L K T W O T R K B A R A W
E W Y W J O B K T E N E A E A A K Y R E
B F D G O D N O E S R N C D N A E W A D
C T N N V K N R T M A O C D S M B V B I
B G H I W M E R O C B G K A P A Z I M S
J G R W O P I C O R S S K H I R B D A Y
O I R U I C C N A A J S X T H I D D M O
A G T V T A D G A R T E R A W L A S P W
P H Y O S A R O S Y B O A E N L S P N B
D M R I K I N G S N A K E D J A A K U K
F H N D I A M O N D B A C K R E C A R X
E V C C R E T S A M H S U B S D S K F P
```

Solution on page 174

Under the Sea

ALGAE

BACTERIA

BALEEN

BARRACUDA

CAVIAR

CEPHALOPODS

CETACEAN

CLAMS

COPEPODS

CORAL

CUTTLEFISH

DETRITUS

DINOFLAGELLATES

DOLPHIN

EEL

EGGS

HUMPBACK

KILLER WHALE

KRILL

LEATHERBACK

MAN OF WAR

MARLIN

MOLLUSK

NARWHAL

NAUTILUS

OCTOPUS

OYSTERS

PHYTOPLANKTON

PUFFER FISH

SALMON

SCALLOPS

SCAVENGER

SEA CUCUMBERS

SEA HORSE

SEA OTTER

SEA TURTLES

SEA URCHIN

SHRIMP

SPERM WHALE

SPONGES

STARFISH

STURGEON

SWORDFISH

TUNA

ZOOPLANKTON

```
T C O C L A M S F E P M A S F U Q S L A
K V O C T O P U S I E U E I V Z C E S T
C O R A L A H W R A N L F J R A T A P N
K R I L L S E A O T T E R F V E T U O E
D R U A D U C A R R A B E E E S T R L E
H S I F E L T T U C H S N P N R K C L L
K C A B R E H T A E L G U H O E F H A A
C E C A V I A R N H E G T Y M B V I C B
A P H S S E A H O R S E J T L M I N S W
B H J E S D O P E P O C J O A U R A U H
P A L G A E L A H W M R E P S C D E T S
M L Y E K I L L E R W H A L E U P C I I
U O N I L R A M A N O F W A R C S A R F
H P A X K F S T U R G E O N L A E T T R
Z O O P L A N K T O N K R K I E G E E A
K D I N O F L A G E L L A T E S N C D T
A S M B N D T H S I F D R O W S O U B S
O Y S T E R S U L I T U A N I H P L O D
G D S E L O Y H N D M P M I R H S W Y S
F G K A L R G M F A V H W H U R Z U Z H
```

Solution on page 174

A Day at the Zoo

```
D H E X H I B I T S R A E B R A L O P G
H E C W F V I O G E I D N A S E D I R N
E C E R O W L S S N O I S S E C N O C I
R N H R A K I T U I T A N N I C N I C T
P M D O A E F L X H S W A L L A B Y Z T
E G U A R E S K D C M C A N T E L O P E
T F R I N S B E L A N O I T A C U D E P
A S G I R G E A R M N K K E E O W G J W
R T E E Z A E S D G E I D I N R M I X E
I A A E K Z U R H N B N M R O T F R D J
U D F T B P L Q E I A I A A A S I A B H
M M Q R I E H Y A D T P G G L P K F L A
X I B A T B D G B N S Q K A E P O F I L
M S L H A M A L L E U P M K E R A E C C
N S R U M E L H I V A M E S U T I R L Z
G I F T S H O P J W A R Z C Q N W E K O
G O H T R A W K A M P H I B I A N S I S
A N I M A L S O L A F F U B R E T A W Z
T Q E C O L O G Y R O T A V R E S N O C
R U S E E R T I G E R S H T O L S O L H
```

ADMISSION

AMPHIBIANS

ANIMALS

ANTELOPE

AQUARIUM

CINCINNATI

CONCESSIONS

CONSERVATORY

DEER

ECOLOGY

EDUCATIONAL

ENDANGERED SPECIES

EXHIBITS

GIFT SHOP

GIRAFFE

GRIZZLY BEAR

HABITAT

HERPETARIUM

HORSES

KIOSK

LEMURS

LEOPARD

LLAMA

MAMMALS

MARSUPIALS

MENAGERIE

OWLS

PANDA BEAR

PETTING

POLAR BEARS

RESEARCH

RIDES

SAN DIEGO

SCIENTIFIC

SLOTHS

TIGERS

TREES

VENDING MACHINES

WALLABY

WARTHOG

WATER BUFFALO

WATERFALL

WILD ANIMAL PARK

WILDEBEEST

Solution on page 174

Business as Usual

```
R M E Q U I T Y C N E R R U C I O X H O
D B G P S M T D U Y P X O E Z C S E S P
X A O R C I M A I A T N E M T S E V N I
X R A O I H U T Y S Q E H M D E M A N D
J T S F M D A A T T T V S O P R T G C E
E E U I I X B E N E W R O G S T O C K S
S R P T A L S E S O E G I K N S I D I E
O E P B E S M U L F F R R B P I F O A X
Q C L A A E P F U O R O T R U A N M N A
O E Y L G E H N T D W E O S C T O R W T
R I G A L S D S T R T D S C L R I I A F
C V N I A N O A E X U P O O T L T O Z E
A A X C T C O P R C R U R I U H A J N D
M B S N I T A I T T N E Z O H R I W Y E
E L E A P P Q I T T Z A V O P Z C D S R
Y E L N A J O H S C T B L E R E E E Q A
L A P I C N I R P I U D U A N W R B S L
M G X F W S C B O Y C D D J B U P T R R
A G X T Z J T N E M N R E V O G E T Y B
Z Y P C O B D I V I D E N D W X D Y U X
```

ACCOUNTS

AMORTIZATION

ASSETS

AUDIT

BALANCE SHEET

BARTER

BUY

CAPITAL

CASH FLOW

COST OF GOODS

CURRENCY

DEBT

DEDUCTION

DEMAND

DEPRECIATION

DISTRIBUTION

DIVIDEND

EARNINGS

EQUITY

EXEMPTION

FEDERAL

FINANCIAL

GOVERNMENT

INVESTMENT

MACRO

MANAGEMENT

MICRO

PAPERWORK

PAYABLE

PRINCIPAL

PRODUCTION

PROFIT

PROPERTY

RECEIVABLE

REFUND

RESOURCES

REVENUE

SELL

STOCKS

SUPPLY

TAXABLE

TAXES

TRADE

WALL STREET

WITHHOLD

Solution on page 175

Business Leaders

ADOLPHUS BUSCH

ALFRED P SLOAN

ANDREW CARNEGIE

ARISTOTLE ONASSIS

AVERY FISHER

BILL GATES

CHARLES WALGREEN

CLEMENT STUDEBAKER

CORNELIUS VANDERBILT

DAVID GEFFEN

FRANK WOOLWORTH

GEORGE WESTINGHOUSE

HARVEY FIRESTONE

HENRY FORD

HENRY HEINZ

J P MORGAN

JAMES C PENNEY

JAY GOULD

JEAN PAUL GETTY

JOHN D ROCKEFELLER

MARY KAY ASH

MEYER GUGGENHEIM

MEYER ROTHSCHILD

RAY KROC

WILLIAM COLGATE

WILLIAM WRIGLEY

```
T D R W A D O L P H U S B U S C H D R I
H L E E I A H S J A Y G O U L D N L E C
Y T I S K L V E E R A Y K R O C A I L Z
E N R B U A L E N T U E P F M H O H L H
N O A O R O B I R R A T V V Y M L C E A
N I N G W E H E A Y Y G S J O P S S F R
E H G I R L D G D M F H L M X S P H E V
P O S K Z O O N N U C I E L J G D T K E
C E U B L W M O A I T O S I I V E O C Y
S J F Q K E E P W V T S L H N B R R O F
E A H F Z N Q X J K S S T G E Z F R R I
M D R O F Y R N E H N U E N A R L E D R
A H S A Y A K Y R A M A I W E T A Y N E
J D A V I D G E F F E N R L E M E E H S
J E A N P A U L G E T T Y F E G E M O T
N E E R G L A W S E L R A H C N R L J O
T L E I G E N R A C W E R D N A R O C N
M I E H N E G G U G R E Y E M X H O E E
Q Q Y Y E L G I R W M A I L L I W E C G
S I S S A N O E L T O T S I R A X F N Q
```

Solution on page 175

Careers

ACTOR

AUTHOR

BAKER

BUTCHER

BUTLER

CAPTAIN

CASHIER

CHEF

CHEMIST

CLERK

DENTIST

DOCTOR

ENGINEER

FIREMAN

JUDGE

LAWYER

MAID

MANAGER

MECHANIC

MUSICIAN

NURSE

PAINTER

PHARMACIST

POLICEMAN

POSTMAN

SHOEMAKER

SINGER

SURGEON

TAILOR

TEACHER

WAITER

WAITRESS

WORKMAN

```
P R P B E N Z C B Q I H D T H M R R Q R
H O O P C A P X I M T W L D S O E P E N
X T G N P M J N W A I T E R T K O Y U R
P C G A M K C I W M T S D C A S W R F O
N O I W R R G A N E H Q A B T A S E K H
A D P S I O D T G C A L B M L E H R R T
I Y T O H W F P U H P R A U N C E V E U
C O S E L O Q A K A R N E O T T M Z E A
I U I M G I E C P N P E D G N L V E N X
S M C W A D C M Z I T F H I A F E N I F
U P A N A I U E A C Z N A C J N I R G I
M E M M O I D J M K A P E D T H A J N R
A N R K F E T L N A E T Y Y E U Q M E E
A D A N R R G R G I N R E P F N B S R M
J Z H Q W E M R E R E I H S A C T P H A
T I P C E K L Q U S R E G N I S I I I N
B Q V O N L P C V S S T E A C H E R S B
C H E M I S T R N U R O L I A T D N J T
F U J R T M N U Q U X B G V A D I T O E
Y W W J M L V G X L V F M O B X Q C K R
```

Solution on page 175

The Office

BONUS

BUSINESS

CHAIR

COFFEE MAKER

COMMITTEE

COMPUTER

CONFERENCE

CUBICLES

DOUGHNUTS

DRAWERS

DRESS DOWN

ELECTRONIC MAIL

EMPLOYER

ERASER

FILING CABINET

GOSSIP

INTERNET

JANITOR

LAYOFF

MANAGER

MEMO

MOUSE PAD

PAGER

PARTY

PAYDAY

PENS

PICTURES

POLITICS

PROMOTION

RAISE

REPORTS

RULER

SALARY

SCANNER

SCISSOR

SECRETARY

STAPLE PULLER

STAPLER

SUPERVISOR

SUPPLIES

TIME CLOCK

VENDING MACHINE

WHITE COLLAR

WHITE OUT

WINDOWS

```
W U E Z R O D Y E X F A Z Z H B L O V R
J L A Y O F F E T A M B I Z T F O M E M
K C O L C E M I T R Y E C U B I C L E S
R R E L L U P E L P A T S R U L U D P E
W E S S E R U T C I P P Y P I R X O T C
I M P I D V E N D I N G M A C H I N E R
N G A O R E L P A T S G M Y R A L A S E
D R E N R E T U P M O C C D R D A Z E T
O O B B A T R O S S I C S A C V F T C A
W T U T K G S C S N E P L Y B M T E T R
S I S G B S E L O M R L K P O I T C U Y
M N I R H T U R D F O J A U M E N N O S
S A N E N N T P R C F G S M N G S E E C
C J E Y X C U A E O E E O R O S U R T A
I P S O E W I T S R P C E S P E P E I N
T C S L N S I U S A V T S M R J P F H N
I H E P E H N D D Z N I B A A S L N W E
L A L M W O Z Q O I P F S B Y K I O E R
O I E E B F F K W U X E Z O Y J E C T L
P R O M O T I O N D R A W E R S S R R F
```

Solution on page 175

Firefighters

ALARM

AMBULANCE

AX

BELL

BURN

CHIEF

DALMATIAN

DEPARTMENT

EMBERS

EMERGENCY

EXTINGUISH

FIRST AID

FLAME

GEAR

HEAT

HELMET

HOSE

HYDRANT

LADDER

POLE

RADIO

RESCUE

SIREN

SMOKE

SPRAY

SPRINKLER

STATION

TRUCK

UNIFORM

WATER

WILDFIRE

```
A D M I W H E D I A T S R I F B T A K Q
O Y Z Y E Z F H F L A M E K X I F Z H O
F C B L A O E O Y X T P M F W Q D W E T
A J M X N W N M E D L A D D E R A F T S
O E Q M O K A U E X R C T L X T B E R S
T I R E Z C I C O R T A H O E Z L E O P
X E A X O L T H P C G I N R P M B O B R
W N V I B U A I Q A T E N T A M R C G A
J B D W O X M E U Q N N N G E O A L A Y
E A B G J L L F F O U R H C U Z E L M T
R R L T Q B A Q I Q E N B X Y I G E B R
W H I L N Y D T C S S O I M F U S B U U
E H I F K R A K C T A E H F R F W H L C
U F P V D T U U H O S E A A O A E P A K
X X M R S L E B W E K O M S X R L K N Z
A O O X A F I S P R I N K L E R M A C N
O R R D X A J W S Q V Z P O L E O I E X
L S H S O J F D P B H A F B S I R E N Q
T Y Z S P C Q A R J I D S F V T M G X Q
F E Y O H O H A T N E M T R A P E D J V
```

Solution on page 175

Doctors

APPOINTMENT

BODY

DIAGNOSIS

DISEASE

DRUGS

EMERGENCY

EXAMINATION

FEVER

HEALING

HEALTHY

HOSPITAL

ILLNESS

INTERN

MEDICAL

MEDICINE

NEEDLE

NURSE

OFFICE

PAIN

PATIENT

PHYSICIAN

PRACTICE

PRESCRIPTION

REMEDY

SICK

STETHOSCOPE

SURGEON

THERMOMETER

TREATMENT

WELLNESS

```
Q X O E U N D X W J T R O K L U M F T R
A V V W P H A T N W E F J M E M E R N Z
W I U O O M E Y T V F K X U T I D H E W
S Y A A E G E O E I N C G Y M T I V M S
E T E N N A J F C L B R R E J O C R T P
H M E R I H L E Y D E M E R G U I E A D
M E E T N O I T P I R C S E R P N T E I
P Q A R H C Z T A Y O U T R G T E E R S
U T T L G O E C I T C A R P N L N M T E
E B X T T E S S G U R D N E X R C O E A
S X S S L H N C O K A W I U E F P M M S
L I A O O P Y C O A F T A T R K Y R N E
A S S M T K G U Y P A H N F U S L E S G
C P S O I R K I V P E I G K N S E H H N
I B A E N N A P P O I N T M E N T T D I
D P T I N G A P R E P H Y S I C I A N L
E Y P S N L A T T A I I L L N E S S B A
M U I O G Q L I I H N E E D L E S M O E
Y C E O X Q Y E D O L A T I P S O H D H
K K H E M Y G U W P N N O E G R U S Y S
```

Solution on page 175

Engineers

AEROSPACE
ALGORITHM
BLUEPRINT
BUILD
CALCULATOR
CHEMICAL
CIRCUITS
CIVIL
COMPONENT
COMPUTER
DESIGN
DEVICE
ELECTRICAL
ELECTRONIC
EQUATION
FILTER
FORMULAS
FREQUENCY
INDUSTRIAL
INSTRUMENT
MEASUREMENT
MECHANICAL
NUCLEAR
PLAN
SCHEMATICS
SIGNAL
SLIDE RULE
SOFTWARE
SPECTRUM
WAVE
WIRE

```
A E R O S P A C E R A E L C U N C B Z E
Y A C L A C I M E H C C C L O O Y E T F
T S M H T I R O G L A T A G M F E V F C
C I R C U I T S P R Y N N P B R L A F W
M U R T C E P S I U G L O I A U O W I P
S A L U M R O F Q I J N K W R S I R B Z
S D E S I G N L S O E T T K L P E L Z P
A C V L G P M W R N N F J C A C E P D L
N X H G A D R E T E O C R I C U I U Z A
L O M E E I T O M S F M E C I C J V L N
T R I V M U R E T H W W T E R T N U I B
W V I T P A R T Y A Y H L D T C D X B L
E C Q M A U T F S C L A I Q C F X M H M
E X O O S U A I F U N U F J E K T O J K
Z C E A K O Q X C W D E C J L Q Y F G Z
E S E B D S Y E O S O N U L E Z C N D A
T M T N E M U R T S N I I Q A O C R I C
E L E C T R O N I C X J R A E C Z Z P L
F L T E C M E C H A N I C A L R O K M G
P T B S L I D E R U L E D C Q G F H V A
```

Solution on page 175

Software Development

ALGORITHM

BASIC

CLASS

COBOL

COMMENT

COMPILER

COMPONENT

CONSTANT

DATA PROCESSING

DATABASE

DBASE

DELPHI

DO WHILE

ELSE IF

FORTRAN

FUNCTION

GRAPHICS

GUI

HARD DRIVE

HEADER

IF THEN

INTEGER

INTERNET

ITERATION

JAVA

KEYBOARD

LOOP

MEMORY

MONITOR

MULTIMEDIA

OBJECT ORIENTED

OPERATING SYSTEM

OPERATOR

PASCAL

PERL

PRINTER

PROCEDURE

SOURCE CODE

SPREADSHEET

STRING

TERMINAL

VBSCRIPT

WORD PROCESSOR

```
A P K C X I H P L E D K A E S A B D D D
L R R V E C I D I R Q C O N S T A N T B
R I R O W Q S R A A I D E M I T L U M U
E N N M C N D O W H I L E L A Y T E G P
G T O M E E B N U K G M O P E R A T O R
E E I H E Y D W O R D P R O C E S S O R
T R T Z E T W U A B C O T I V W D J L X
N F C K F C S P R S C E L A I C O R K T
I L N O J Z H Y I E N R C O M M E N T I
T G U I M I Z P S R S K E O E P L I N T
M Q F A C P A S E G H A R D D R I V E E
W J I S C S I T G Q N Q B Q A E D E N R
I A E I C N N L K T L I O A G E H L O A
C V S A G I Z X E J O I T R T S H N P T
O A L Z X M H T I R O G L A D A M A M I
B M E M O R Y O S J P X J A R F D R O O
O T N O B J E C T O R I E N T E D T C N
L W U Y Z Z L A N I M R E T E K P R A Y
R N E T V B S C R I P T M O N I T O R N
P T N I G N I R T S S A L C B S L F M I
```

Solution on page 175

Corporations

ALLSTATE

BOEING

CHEVRONTEXACO

CITIGROUP

CONOCOPHILLIPS

DELL

DOW CHEMICAL

EXXON MOBIL

FANNIE MAE

FORD MOTOR

GENERAL ELECTRIC

GENERAL MOTORS

IBM

INTEL

LOCKHEED MARTIN

MARATHON OIL

MERRILL LYNCH

METLIFE

MICROSOFT

MORGAN STANLEY

MOTOROLA

NORTHROP GRUMMAN

PEPSICO

PFIZER

PRUDENTIAL

SBC COMMUNICATIONS

SPRINT

STATE FARM

TIME WARNER

UPS

VERIZON

VIACOM

WALMART

WALT DISNEY

```
R U Q C H E V R O N T E X A C O G W E P
W M S X D O W C H E M I C A L S E U F E
B A B B L I O N O H T A R A M J N O I P
K J L I C L I B O M N O X X E E E K L S
U D N T N C R O T O M D R O F Y R U T I
R V L D D O O E L E T N I M G F A M E C
V X U O A I R M T S P U H O T A L R M O
U E M Y C Y S T M A L T U C N N E A F J
E L R D M K T N H U T Y P A I N L F R U
D D E I K M H I E R N S R I R I E E A C
Y L X N Z F Z E M Y O I L V P E C T L I
L S P V J O B U E E T P C L S M T A O T
G N I E O B N S X D W F G A A A R T R I
L A I T N E D U R P M A O R T E I S O G
T R A M L A W X K U P A R S U I C S T R
X E R F U R E Z I F P V R N O M O V O O
Y E L N A T S N A G R O M T E R M N M U
Z G E N E R A L M O T O R S I R C A S P
F G H C N Y L L I R R E M L N L I N S
N L S P I L L I H P O C O N O C L V M I
```

Solution on page 176

Waiters

APPETIZER

BAR

BEVERAGE

BISTRO

BOWL

BREAKFAST

BUS

CHECK

COFFEE

CUP

DINNER

DRINKS

FOOD

FORK

HOSTESS

KNIFE

LUNCH

MENU

ORDER

PLATE

RESTAURANT

SALAD

SERVER

SILVERWARE

SOUP

SPOON

TABLE

TIP

TRAY

WATER

```
W T S O W P L A T E K A G L S X I O E D
P R T K G F E C P S P H T G T T K E Q Z
N V Q R Q I V Q F P A P Y C G B S R B B
Y Z X L S R E P E B G E K N I Y S U A G
H C Z L E Z S T I B E K F S V A E N R A
A E U G J F I H U R T V T I N M T E C J
D K S P C Z P I T E R R E B N S S M D V
W P P I E P P F W A O E V R E K O K A P
S L E R L B E C F K N Q D R A S H H L K
T Q I G M V I Z O F A E V R U G V O A C
G N I G Z S E E O A M E U Z O M E M S E
L P A E L E K R D S R C E R E N N I D H
S K Q R T J Q N W T F C E H F E E F N C
M K Q Y U S U P I A F Q F C R V L O Y K
R R S J L A Q W U R R U F N V E O B R R
S M Q R W E T Q X O D E O U Y P T O A B
D A S V O S G S P C S U C L S G F A L T
V I D G B O F N E K T R A Y U Z S J W S
F R G V A B K N B R I I T F S T U G D U
A M T C G N S V D K Q W P E H U B K Z U
```

Solution on page 176

Taxes

ANNUAL

AUDIT

CAPITAL GAINS

CHECK

CREDIT

DEADLINE

DEDUCTION

DEPENDENT

EXEMPTION

EXPENSE

EXTENSION

FEDERAL

FILING

FORM

GOVERNMENT

INCOME

INHERITANCE

IRA

IRS

PAPERWORK

PROFIT

PROPERTY

PUBLICATION

QUARTERLY

REFUND

REPORT

REVENUE

SALES

STATE

STATUS

TABLE

TAXABLE

WITHHOLD

```
J I Y F E S C M W P Y E N I L D A E D T
R A B L T H J I A R I L L A U N N A A L
N N B A E W T E D O S E R I N C O M E T
F A T C W H X C R E D I T E B F A V R M
T U K A H P P K Y E T A T S T K D O W K
S M T O E M U T G K S H E I B R P K Z U
U Q L N C T N E D N E P E D R E A P Q G
X D S K A S N R J N O O S Y R S S U E O
C E V V P N T X W E X T E N S I O N Q V
J P F S I E O N Q D E D U C T I O N O E
K Q E A T Y X I I N H E R I T A N C E R
X K D V A F T E T R W R K X M R P M I N
W R E X L E I R M A E C Q Z K E A R D M
S Z R E G H L L E P C V X O R F P O E E
E G A W A S V B I P T I E Q W U E F K N
Y J L W I B E A A N O I L N A N R X M T
D I G Z N A U L P X G R O B U D W Q P M
N R T A S D I F A F A U P N U E O A H L
E T J H I K V Q X S Y T G K Z P R E J B
P O S T T H E P R O F I T U K E K F R U
```

Solution on page 176

Business Plan

ANALYSIS

ANGEL

DIAGRAM

ENTREPRENEUR

EXECUTIVE

FIRST MOVER

FOUNDER

GOODWILL

IDEAS

INCOME

INVESTOR

LOAN

MARGIN

MARKETING

MISSION STATEMENT

OPERATIONS

PRO FORMA

PRODUCT

PROFIT

PROJECTIONS

RATIO

RAW MATERIALS

REVENUE

RISK

STATEMENT

STRATEGY

TARGET MARKET

VALUATION

VENTURE CAPITAL

WORKING CAPITAL

```
X U Z S L A I R E T A M W A R W G B S S
U C N I R U E N E R P E R T N E V G I N
X L L M G L V V R E V O M T S R I F S I
S V F M O O F E R P K B M A N G E L Y G
P A E A O A U N X Q O S I O K I R Y L R
A L S R D N A T L Y I H S P X N I O A A
E U A K W C U U O Y X J S E A V S D N M
P A E E I E W R E C P O I R F E K F A T
R T D T L P C E U Z R Q O A O S N U Q E
O I I I L Q M C N Y O N N T U T X H J K
F O K N P A P A E J F P S I N O F P E R
O N Z G R M M P V N I R T O D R Q M S A
R L E G V T P I E J T O A N E Q O N T M
M J A X G N P T R M N D T S R C S K R T
A I H M P L L A D O N U E I N S G A A E
D Q T T L D L L L X H C M I R U A N T G
S N O I T C E J O R P T E O I T A R E R
E V I T U C E X E N R U N F S L U L G A
S T A T E M E N T Q O S T E K P B Q Y T
B X W O R K I N G C A P I T A L M N K M
```

Solution on page 176

Police on the Beat

ARREST

BEAT

BICYCLE OFFICER

BURGLARY

BUST

CAPTAIN

CHIEF

CITATION

COP

DEPARTMENT

DETECTIVE

DRAGNET

DUTY

ENFORCEMENT

FORENSICS

HANDCUFFS

HEADQUARTERS

HOLSTER

HOMICIDE

HORSEBACK

JAIL

LAW

MACE

MOTOR OFFICER

NARCOTICS

NIGHT STICK

ORDER

PARTNER

PATROLMAN

PEACE

POLICE CAR

PRISON

PROTECT

RADIO

REVOLVER

SAFETY

SERGEANT

STAKEOUT

STATION

SUSPECT

SWAT

TRAFFIC

UNIFORM

VICTIM

WARRANT

```
S X R H N K L B W H Y R E N T R A P M E
N A G X O T U H T M G B U N I F O R M T
D S Y L T R N P C W E C A E P R B V N N
Q U S T G A S U T U O E K A T S E E C A
O A T L E F J E S A G X H E F B M A S R
E R A Y L F M J B R S D G F T T P R D R
P R T A G I A H E A D Q U A R T E R S A
Y E I T B C O S R E C C D A A V E M C W
H S O E E M N M T E D K P I L C T U I A
O T N B I O I E C N C E N O I N N J S U
L Z E C S T C I A S D I V F A A E D N X
S A I I C T T H N A N E F Z J M M R E Q
T D R I I A O R D E R O L F C L E A R C
E P V V T P O L I C E C A R O O C G O C
R E E I O U T H Q L X B W Y P R R N F O
H A O S C C E A C S U S P E C T O E S C
L N I H R E H Y W S K M N C M A F T L Z
U Y D K A K C I T S T H G I N P N E O Y
E C A M N I T Y E K F D P R O T E C T M
I P R L B C I H B F B S N L W E X Y P A
```

Solution on page 176

Lawyers

ACCUSE

ACQUIT

ACTION

ADVICE

ARRAIGN

ATTORNEY

BENCH

BRIEF

CASE

CHARGES

CITE

CIVIL

CLIENT

COUNSEL

CRIMINAL

EVIDENCE

FEES

FILE

GRIEVANCE

INDICT

JUDGE

JURY

LAW

LEGAL

LITIGATE

PROSECUTE

RETAINER

SIDEBAR

SUE

SUIT

SUMMON

SWEAR

TRIAL

```
F F G Q W J Y R D I R S M L I V I C E Z
N P V R E N I A T E R E L A A D V I C E
P O G W E I W C T T F V V I C E T I C U
W M B R N G L K I I I B Z I T C V I B F
W K G D I I D U C W U Z W T D I U R Z E
A L I V E E S U C R Q Q E W N E G S A E
W C K N J G V L J L Q H C J H W N A E S
T B T J H H A A F Q D L I A J L C C T X
G D W I P W G T N E T U C E S O R P E E
P D B Y B J Z A Q C H R A E W S S R C E
E V Q K B K I J F B E C Z S O M E A A L
X X L A N I M I R C W G N C T C G B S I
A M A Z J M L Q J L P A Y E T M R E E F
U W R O B B D R T Y T M Z U B C A D E J
A B R X I P Y E N R O T T A O L H I U U
T W A D S N B T E Z T V L U D E C S S R
Y Z I P Y R X S K N K A N N O I T C A Y
V W G K I L A G E L I S N O M M U S B A
P K N E O S Q F D R E L O U M W D Y F Z
N F F P D Y I C T L V V T G B I P I O S
```

Solution on page 176

74

It's My Job

ACCOUNTANT

ARCHITECT

ARTIST

ASTRONAUT

AUDIOLOGIST

AUTHOR

BIOLOGIST

BROADCASTER

BUS DRIVER

BUTLER

CHEMIST

COACH

COMPUTER
   PROGRAMMER

COUNSELOR

CUSTOMER SERVICE REP

DENTIST

ECONOMIST

ELECTRICIAN

FASHION DESIGNER

FIREFIGHTER

GEOLOGIST

HISTORIAN

INTERIOR DECORATOR

JOURNALIST

JUDGE

MAID

MANAGER

MATHEMATICIAN

METEOROLOGIST

MILITARY

NETWORK ANALYST

OPTOMETRIST

PARAMEDIC

PILOT

POLICE OFFICER

POSTMAN

PROFESSIONAL ATHLETE

RESEARCHER

TEACHER

TOUR GUIDE

WAITRESS

ZOOLOGIST

```
W C O M P U T E R P R O G R A M M E R T
A P R A R P N A I C I T A M E H T A M S
I A E K O T U A N O R T S A U T H O R I
T R S R F A P V T S I G O L O I D U A R
R A E E E C O M E T E O R O L O G I S T
E M A T S C L D R L E C Q E T T B B S E
S E R S S O I Z I B E O O S G U O Y J M
S D C A I U C V O A S C I N S A L L I O
H I H C O N E C R N M M T D O A N L I T
I C E D N T O R D E E A R R N M I A S P
S Z R A A A F E E H S I R A I T I I M O
T O O O L N F T C H V R K C A C L S H D
O O L R A T I H O E C R E R H A I C T E
R L E B T S C G R D O A Y M N I A A P N
I O S U H I E I A W P S E R O O T K N T
A G N T L T R F T R K M U T C T D E E I
N I U L E R W E O B I O L O G I S T C S
C S O E T A N R R V J E D I U G R U O T
W T C R E N G I S E D N O I H S A F C R
P O S T M A N F T S I G O L O E G D U J
```

Solution on page 176

CHAPTER 5: **FUN WITH FOOD**

Fruit

APPLE
APRICOT
BANANA
BLACKBERRY
BLUEBERRY
BOYSENBERRY
CANTALOUPE
CHERRY
COCONUT
CRANBERRY
CURRANT
DATE
FIG
GRAPE
GRAPEFRUIT
GUAVA
HONEYDEW
HUCKLEBERRY
KUMQUAT
LEMON
LIME
LOGANBERRY
MANGO
MELON
MULBERRY
ORANGE
PAPAYA

PEACH
PEAR
PERSIMMON
PINEAPPLE
PLUM
POMEGRANATE
RASPBERRY
STRAWBERRY
TANGERINE
WATERMELON

```
L M R Z R X A T N W M O M H O W M P M J
Y I H A E A U Y A O D K Q W Y V A E R P
I J B Q E N S T A E L X U B R A N A C W
T T Z Y O P E P W P U E L D R P G C F A
D L I C R R B N B S A U M S E Y O H P N
I A O U M R G O J E E P L X B R S N I Q
C C T E R U E W Y B R F P S N R T O N G
S Y L E C F O B E S B R I P A E A M E T
B O Y N A I E R E T E L Y G G B U M A O
N G R E N I R P W L N N A G O L Q I P C
T M R G T Y O P A Y K A B C L U M S P I
A K E N A U Y N F R J C R E K M U R L R
N B B A L A V A U G G Q U R R B K E E P
G A N R O H O N E Y D E W H U R E P G A
E N A O U C H E R R Y R A E W C Y R R E
R A R A P N E T A N A R G E M O P Z R R
I N C P E O L S T R A W B E R R Y M P Y
N A Y P N M D I A P L U M G R A P E Q W
E B Z L V E R X M T I S V N G F M D D T
M V T E X L S Z D E G C Y K N L R S B R
```

Solution on page 177

Vegetables

ARTICHOKE

ASPARAGUS

AVOCADO

BEET

BROCCOLI

BRUSSELS SPROUTS

CABBAGE

CARROT

CAULIFLOWER

CELERY

CUCUMBER

EGGPLANT

GREEN BEANS

GREEN PEPPER

JICAMA

KALE

LENTILS

LETTUCE

OKRA

ONION

PARSNIP

PEAS

POTATO

PUMPKIN

RADISH

RUTABAGA

SPINACH

SQUASH

TURNIP

WATERCRESS

YAM

ZUCCHINI

```
E S Z W M P W T L W J O H L L C S I P B
W R X P G O Z B N H N S Z E V P O I J U
C Z M M R R P U T T A O T H I W G E S R
A U K W E K E N R U O T I N R A D I S H
D C Z P E W L B Q Z U R A N I B P V W L
E C K W N W A S M C C C R A O E B F R E
Z H W Z P F R T E U H Q P A A E R E S N
S I J P E O T M E V C U O R C T O G C T
N N I J P X A U C R M U T U S O C U N I
A I C U P Y R P R P C I C I Z K C V T L
E H A K E C I E K N C R O Y A R O H S S
B D M R R N G I K H I Z E D R A L L X I
N F A K S G N A O F L P D S A E I S L M
E O O R P L L K Y C I O L A S C L P P Z
E O A L L E E S U G A R A P S A O E X K
R P A R U T A B A G A I C E D C W V C D
G N U B H U R R E W O L F I L U A C A B
T G S T U O R P S S L E S S U R B R U Y
E Z S O W F P E A S K E G A B B A C I O
B B B V O Z B E U Q C Y O T A T O P N N
```

Solution on page 177

Italian Foods

```
I B T A N Q O F D P P O L E N T A E K P
Q P I R T F O B R U S C H E T T A V Z R
E M O S E T O R A C T A T S A P V F E O
B L E L C C O E U Z N L E S E R P A C V
N J A L L O C C W S Z T E N A P L V L O
Q B U S A A T I I Y H I H Y Q V X T D L
K C T G A N V T A R P E P L Y O L W F O
P L W Q N G Z A I G B G Y T C Q E M J N
S A Z Z D O N A C B O C C O N C I N I E
E S N Y D A C A N O P A N Z E R O T T I
J C L N A F B C O E I M H C W A O A A P
A A P Q E C T L H R L C U B T Y R N O E
I M O C B L I C I I K M A T O A T T A C
C O Y E H V L S F B P G O C N I A L G O
C R V F E L O E H I J B D C P L I A A R
A Z U O L T I Z T S M I I A E C L C V I
C A I Z T J D T Q A A N S G I A N N W N
O L V O W L U K I Y I T C A L Z O N I O
F D O L C I T C E T I S P A G H E T T I
D T C V F E C Y X K C I C O R I A Z W W
```

ALICI

ANTIPASTI

ARANCINI

BISCOTTI

BOCCONCINI

BRUSCHETTA

CACIOCAVALLO

CALZONI

CAPRESE

CIAMBOTTA

CICORIA

CUMPITTU

DOLCI

FOCACCIA

GELATO

GNOCCHI

LASAGNA

MELANZANE

OLIVE OIL

PANE

PANNELLE

PANZEROTTI

PASTA

PECORINO

PIZZA

POLENTA

PROVOLONE

RICOTTA

RISOTTO

SCAMORZA

SPAGHETTI

TRECCIA

Solution on page 177

Pie in the Face

BAKED

BANANA CREAM

BLACKBERRY

BLUEBERRY

BUTTERSCOTCH

CHEESE

CHERRY

CHOCOLATE

COCONUT

CRUST

CUSTARD

DESSERT

DOUGH

FRUIT

GRAHAM CRACKER

HOT

ICE CREAM

KEY LIME

LATTICE

LEMON

MERINGUE

MINCEMEAT

MUD

OVEN

PAN

PEANUT BUTTER

PECAN

PINEAPPLE

PIZZA

PUMPKIN

RAISIN

RASPBERRY

RHUBARB

SHEPHERDS

SHORTENING

STRAWBERRY

TART

VEGETABLE

```
G C M A H K E P Z H H C O J T V H E T A
R Y H B X L X V P U M P K I N G K I J N
A E B E B L A C K B E R R Y U O P D T J
H B C M E L G E T A L O C O H C U E B P
A S E I P S D J N P P C D H X M L H A F
M L J L T R E U O V E N X S E E C L K E
C C G Y W T T A E M E C N I M R P F E R
R H F E L B A T E G E V A O B I R Z D Q
A B C K U T A L K M P M N N N N T Y E E
C M L T G U U D S T A R T E Z G Z G S T
K A T M O Z R N H T N E A B Y U V I S N
E E G B N C A S O H R P R C R E T U E D
R R O O F P S D R C P A C C R A R L R A
H C N U C W P R T L O S W F E C B A T T
J A W V I G B E E J X C Q B B C T U D I
A N Z Y N Q E H N T K Q B D E S I L H U
N A B Z Z W R P I Z T O H G U R H Q Y R
H N O J I V R E N J E U H C L W R T G F
M A R V M P Y H G V T F B L B U R Y T R
I B O B I N I S I A R O I S L N L R W K
```

Solution on page 177

Perfect Picnic

BARBECUE

BASKETBALL

BEER

BLANKET

BREAD

BUNS

CAKE

CATCH

CHARCOAL

CHEESE

CHICKEN

COKES

COLAS

COOLER

CORN

CUPS

EGGS

FAMILY

FOOTBALL

FRUIT

GAMES

GRASS

GRILL

HAMBURGER

HOTDOG

KIDS

NAPKINS

OLIVES

OUTDOOR

PARK

PEPPER

PICKLES

PICNIC

PLAYGROUND

RECREATION

SALT

SANDWICH

SHELTER

SOFTBALL

TABLE

THERMOS

WATERMELON

```
N I Z T S E F B P U W C J Y S X S N U B
D L P C M K W B M B L L O H M O T X F Q
Q M L X K G I Q P E P P E R F M G Z P U
O F P Z Z P A D Q S A L T T N L W S Y X
L C T W Q R P J S T T L B E L B A T U X
Q R N Y W Y U N H E D A B A R B E C U E
R A O L N K I T R T L B B G F F O H M K
L C H I C K E N I L P T V R P L G C G A
G J V M P Z H O L U E O H A A S E K O C
D A C A T C H I J K R O B S R P E O D U
B X N F C O S T S H N F B S K Z L X T P
C O G S C P L A Y G R O U N D I C O O S
L J G F O I B E E R E C L R V C H W H T
B G P N Z M N R N D G P U E U H E R C Q
E F S I D L R C A N R G S L M A E O I Q
T I C F C C X E I U U R B O Y R S O W D
L M F R X K R R H P B I A O P C E D D Y
Z A M K L B L F H T M L R C F O M T N T
P B U X I N T E K N A L B S S A A U A Z
V K M W Q L W H S R H Y I S N L G O S W
```

Solution on page 177

Side Salads

AMBROSIA

APPETIZER

AVOCADO

BOWL

CABBAGE

CAESAR

CHEESE

CHEF SALAD

CHINESE CHICKEN

CILANTRO

COLE SLAW

CROUTONS

CUCUMBER

DRESSING

ENDIVE

FRUIT

GELATIN

```
P O T A T O M A T O D P G I O F O E V E
M D T G R E B M U C U C L E T T U C E Y
S A A E F J I A D V G D R E S S I N G U
G C C G C C U Y J Q I G W F W G E F E C
N O O A E H S O R D P N G U V G S B T G
B V B B R R I N A A P P E T I Z E R A R
A A E B S O V N S L E N L G Q M E V B Z
N R C A N M N A E A K Q A E A R H Z L R
G A R C O A P I A S D I T Y Q R C V E O
N D W E T I A S C F E O I H C C I D A R
D I V A U N S E H E T C N W O N O G A T
L S K M O E T R R H B D H Q A N I B V N
M H J B R Z A O R C D D Z I I L D I W A
D Z T R C O L E S L A W G O C A D I H L
F W B O W L E P Q S B R N P L K F O Z I
F X I S T B I G R E E N S A M C E A R C
F L L I E N U S L T Y D S E V I D N E F
U F U A A E E C T U N A F I S H R I H L
N R N C D S S E R C R E T A W L R H R K
F Y H C N S O H Q W U U D E G J D T S J
```

GREENS	RADISH	TUNA FISH
ICEBERG	RED ONION	VEGETABLE
LEAF	ROMAINE	VINAIGRETTE
LETTUCE	SALAD BAR	VINEGAR
MACARONI	SHRIMP	WALDORF
MAYONNAISE	SPINACH	WATERCRESS
OIL	TACO	
PASTA	THREE BEAN	
POTATO	TOMATO	
RADICCHIO	TOSSED	

Solution on page 177

Pasta

CAMPANELLE

CANNELLONI

CAVATELLI

CONCHIGLIE

DUMPLING

EGG NOODLES

ELICHE

FARFALLE

FETTUCCINE

FIORI

FUSILLI

LASAGNA

LINGUINE

LUMACHE

LUMACONI

MACARONI

MATZO BALLS

PAD THAI

PENNE

RAMEN

RAVIOLI

RICE NOODLES

RIGATONI

SPAGHETTI

TAGLIARINI

TAGLIATELLE

TORTELLINI

VERMICELLI

WON TON

ZITI

```
W U V A V O F J L L C L I I K P T I R R
X Q X U V J H I U A O L T F Q R A N L A
D N X X P W N M V J L T N B I E G I P V
T T J I V G A A O E E E B C E L L L A I
A Y E W U C T H C H G Z E R X U I L D O
G R E I H E Y I G G N N I W B M A E T L
L E N E L L M A N V O T R T E A R T H I
I E N L B R P O M O W P U L I C I R A N
A I I I E S O O D H C W L F K O N O I T
T N V V C D E L Y P I E R L C N I T L O
E O C O L C E I F F N P R G J I Y M K J
L T K E P S U C L A C A N N E L L O N I
L A S K E E I T P G D F M F U S I L L I
E G J F N P C M T L I U A A F W R C F N
E I I K N N A D O E A H M R C I Q H M O
H R Y B E C A X Q X F S C P F A O W O T
C S L L A B O Z T A M R A N L A R R Y N
I R A M E N W T A A P B M G O I L O I O
L H Y O D M G C K P F H N A N C N L N W
E L I D Y U B A K Y V V R C T A O G E I
```

Solution on page 177

Cocktail Hour

APPLETINI

BITTERS

BLOODY MARY

BLUE LAGOON

BOOZE

BRANDY ALEXANDER

CARBONATED

CHAMPAGNE

CHASER

CIDER

COSMOPOLITAN

DAIQUIRI

EGGNOG

GIN AND TONIC

GIN FIZZ

GINGER ALE

HURRICANE

LIQUEUR

LONG ISLAND ICED TEA

MANHATTAN

MARGARITA

MIMOSA

MINT JULEP

MOJITO

MOONSHINE

OLD FASHIONED

OUZO

PASTIS

PUNCH

ROB ROY

RUM

RYE

SAZERAC

SCOTCH

SCREWDRIVER

SHERRY

SPIRITS

STINGER

TEQUILA SUNRISE

TOM AND JERRY

TOM COLLINS

VODKA

WALDORF

WHITE RUSSIAN

WINE

```
A B G W Z O T I J O M S H E R R Y O I B
P E V A Z S E Z O O B L O O D Y M A R Y
P N I L I N Q Q G R W E N G A P M A H C
L I P D F R U E U Q I L V R C D N Q C J
E H L O N G I S L A N D I C E D T E A X
T S X R I R L Y Y H E W R M Y O N N R Y
I N U F G H A G C R H A D A M Q A G B U
N O E V G S S N C I R E L C O T T G O Y
I O F S O I U E T F N E O N T E I N N Y
S M O M P P N E N O X L J A Q N L D A E
P S I G B C R A I A L A H D G G O R T D
E M A Q A U I H N I C N E E N A P O E V
L J H Z S L S D N D A I R G T A O B D V
U B A S E A E S E M T A R I G U M R B O
J T I W F R P U A R L O R R Z N S O I D
T A K D E A A C L E N A N O U Y O Y T K
N I L S S E H C S B G J L I Q H C G T A
I O A T Y R E V I R D W E R C S D D E B
M H I R I U Q I A D U V S T I N G E R S
C S C O T C H M U R H A S T I R I P S U
```

Solution on page 177

Spice It Up

```
W O H X X L F N K I R N D J D U M E W N
S D G C T T A Y T P I Y Y O T N E M I P
W V R C I A S A F F R O N O R E G A N O
U Y L E A R P M E L I M O M A H C W T B
G R I U K R E S H C H I L I S A U C E M
N A V J L A A M R L U Q V I N E G A R A
O M E P W G R W R E B A E G J B C M G Y
V E R M E O M D A U D A S A D H U O R H
Q S W E O N I O N Y T N Y R I F M M E I
D O O H S K N O M A I K A L A E I A E T
D R R D R A T S U M M W I I E T N D N K
A H T N I M R E P P E P H C R A R R K X
K C H I L I P O W D E R I P E O F A O Y
I Y M N C A L L S P I C E O C B C C T S
R R I C A T N I P C B L K W U W A F D A
P O P P Y S E E D H O E L D A G N S X M
A C C U E B R H S I D A R E S R O H I X
P I L M N P P U G V O H I R Y R R U C L
M H D C N G I N G E R M A R O J R A M D
E C A M E M Y H T S R E L I S H S J K P
```

ALLSPICE

BASIL

BAY LEAF

CARAWAY

CARDAMOM

CATNIP

CAYENNE

CHAMOMILE

CHICORY

CHILI PEPPER

CHILI POWDER

CHILI SAUCE

CHIVES

CORIANDER

CUMIN

CURRY

DILL

GARLIC POWDER

GINGER

HEMP

HORSERADISH

LIVERWORT

MACE

MANDRAKE

MARJORAM

MONKSHOOD

MUSTARD

ONION

OREGANO

PAPRIKA

PEPPERMINT

PIMENTO

POPPY SEED

RELISH

ROSEMARY

SAFFRON

SAGE

SOY SAUCE

SPEARMINT

TARRAGON

TARTAR SAUCE

THYME

TURMERIC

VINEGAR

WINTERGREEN

Solution on page 178

Seafood Restaurant

```
L P M H P Q E J R E T S Y O B M U G S I
O R P U A S G S F K I S C Y I F N M O Q
R A E E S F R R I I L E H A D D O C K X
H W D P R S W E S Y A K S R L E A V D J
M N R P P C E V H E P Y I C I L G G O O
U D E L C A H L A C I W F V A M O W O E
M R J E Z V N I N M A T Y M G R P P X G
F A F R E I I S D O H E A V N O N D F C
G S N T A A G N C E S R R M I D E I R F
X E U C F R J H H X I N C T R R L D S Y
V A B P A I M O I V F O H E R L Z S E J
S D Y X O B A J P H D M D G E U A P S S
B A Y Y A T L G S O R L P T H B H U C X
G D O Q Q C C N C J O A U W D B J T A A
R W H S I F D O C B W S L E E W G U R B
I A H E I M U L S W S Z P I K A M B G A
L R A H S I F T A C Q I E P O A Q I O L
L C H O W D E R Y G R H G C M R B L T O
E U C E B R A B A T T E R W S C B A Z N
D I U Q S O L E S A N D W I C H X H T E
```

ABALONE

ARTHUR TREACHERS

BAKE

BARBECUE

BATTER

BROIL

CALAMARI

CATFISH

CAVIAR

CHOWDER

CLAM

CODFISH

CRAWDAD

CRAYFISH

EEL

ESCARGOT

FILLET

FISH AND CHIPS

FRIED

GRILLED

GUMBO

HADDOCK

HALIBUT

LONG JOHN SILVERS

MUSSEL

OCTOPUS

OYSTER

PERCH

PRAWN

RED LOBSTER

SALMON

SANDWICH

SAUTE

SCALLOP

SHRIMP

SMOKED HERRING

SNAPPER

SOLE

SQUID

STRIPED BASS

SWORDFISH

TILAPIA

Solution on page 178

Baking Cookies

BAKERY

BISCOTTI

BRANDY SNAPS

BUTTERSCOTCH

CARAMEL

CHEWY

CHOCOLATE CHIP

CINNAMON

CREAM

CRISP

CRUNCHY

DECORATED

DOUGH

EGGS

FROSTING

FRUIT

GLAZE

```
R A D Y P Y Y C Z A T T W M V F H E I S
A W H O X U H R V E G G S U P E C A N Q
R S M B Z E G C E X P X F R O S T I N G
L E N P W I A H N K I S G H G U O D E M
H S G Y I F S X U U A M I L K V C E L C
R S C N C H W D A E R B T R O H S C U D
M A V L I T C Q R I I C X M C U R O Q H
B L L Q N F P E A N U T B U T T E R P E
R O X O G O Y L T L M C Q V G L T A C U
A M P U V S W D M A J C B V P E T T V P
G T C O C N O O A B L X I A Z M U E V U
U T V Z D O L O X L Y O S N M A B D L A
S E P U D M L D C M C T C I N R Q S E B
N F R M N E A R M V R P O O N A E V E K
A I O B L L M E S Y E W T U H C M Z H D
C M S P L J H K H J A Z T W I C A O W V
K I A I Q S S C P E M S I P A L J W N M
Q M N C A W R I L L E M S M G F R U I T
V A R L B R A N D Y S N A P S D E X P O
V P X B R I M S H O R T E N I N G R S M
```

ICING	PASTRY	SNICKERDOODLE
JAM	PEANUT BUTTER	SOFT
LADY FINGER	PECAN	SPICES
LEMON	PINWHEEL	SUGAR
MAPLE	RAISIN	VANILLA
MARSHMALLOW	SHEET	WAFER
MILK	SHORTBREAD	
MOLASSES	SHORTENING	
NUTS	SMELL	
OVEN	SNACK	

Solution on page 178

Soups

ALPHABET

BEAN

BISQUE

BORSCHT

BOUILLABAISSE

BOUILLON

BROTH

BURGOO

CHICKEN

CLAM CHOWDER

EGG DROP

FISH CHOWDER

FRENCH ONION

GAZPACHO

GUMBO

MATZO BALL

MINESTRONE

MISHOSHIRU

MISO

MOCK TURTLE

MUSHROOM

NOODLE

ONION

OXTAIL

PORRIDGE

POTATO

POTTAGE

SHARK FIN

SPLIT PEA

STOCK

TOMATO

VEGETABLE

WON TON

```
H N Y Q D L C V G A D A L A Y H Y R G M
G B O O W H C W V O E G A T T O P K I O
Q A S L I U S Z E O L T Y F I A J A O C
V F Z C L M L G M G W K P M R W N N R K
J F K P W I D E N R H I I X E O I E M T
A E I B A I U O D U G N H S I O D Z U U
N J D O R C O O E B E E S N N W K T S R
U K J R N D H L B S G I O T O A E L H T
Q A O Z L B B O T G A H S H H B R P R L
M P M E G A A R D B C A C H A C O N O E
A I K W T Y O R A N W M N H A T S S O V
S Z S E T N O L E H A C P V A R O R M O
U P G H E P L R N L P L C T Y K K W O H
I E L W O I F O C P A S O O S I M F I B
V O G I U S T Z A L L A B O Z T A M I T
H X T O T N H T O M A T O B I S Q U E N
T T B G O P N I G U M B O S T O C K Z W
O A E W Q A E B R C I H T P T T F Z H C
R I Q D E X T A Y U O E H K W X Z Z T J
B L J B F T F I S H C H O W D E R R L J
```

Solution on page 178

Something to Drink

```
O K I Y P G D G O N G G E I C E D T E A
C X S L E E X R F C I D E R N H Y R D Q
B B M I A J P M P M A P R I Z R R K A S
O O M Q B U A C S E R F E E T A R L E D
I T N U N T D R G G P F H I E D E A M E
W T Y E M A E N F R F P W V E O B H I T
C L V U Y E A I I A F I E P W S W C L A
O E D R B R X S C P N J D R S M A U J N
S I C T O T A E S E C S N R A A R T Y O
S V O R G N E C L J K L I M R E T T U B
E O C I H A M I I U J I A V T R S K E R
R H O U V I I U A I R C T X U C P S L A
P O A Q L T L J T C C E N X N F U R A C
S H D S B I N O K E C I U J E G N A R O
E P U N C H O T C H O C O L A T E T E G
T B K W P A M A O Y L U M R D L C C G N
I B P I J T E M C W A T F K J N T E N A
R E T A W T L O J Y R R E H C M Q N I C
P V S B C I E T P L E M O N A D E I G K
S C W G C O F F E E O J N L I S Z Z E D
```

BOTTLE

BUTTERMILK

CAFFEINE

CARBONATED

CHERRY

CIDER

COCKTAIL

COCOA

COFFEE

COGNAC

CREAM SODA

DR PEPPER

EGGNOG

ESPRESSO

FRESCA

GINGER ALE

GRAPE JUICE

HOT CHOCOLATE

ICED TEA

JOLT

KIWI

LEMON LIME

LEMONADE

LIMEADE

LIQUEUR

MOUNTAIN DEW

NECTAR

NUTRASWEET

ORANGE JUICE

ORANGEADE

PUNCH

RC COLA

ROOT BEER

SEVEN UP

SLICE

SPRITE

SQUIRT

STRAWBERRY

SUGAR FREE

TAHITIAN TREAT

TOMATO JUICE

WATER

WINE

Solution on page 178

Candy

BONBON

BUBBLE GUM

BUTTERSCOTCH

CANDIED APPLE

CANDY CORN

CARAMEL

CHEWING GUM

CHOCOLATE

COTTON CANDY

COUGH DROP

FUDGE

GUMDROP

HARD CANDY

HOREHOUND

JELLY BEAN

JUJUBE

KISS

LICORICE

LOLLIPOP

LOZENGE

MARSHMALLOW

MINT

NOUGAT

PEANUT BAR

PEANUT BRITTLE

PEPPERMINT

POPCORN BALLS

PRALINE

ROCK CANDY

SALTWATER TAFFY

SUGARPLUM

TAFFY

TOFFEE

TUTTI FRUITTI

```
J G N M I N T D P W E P O R D M U G N C
Z Q X P T C K S H E U C J U J U B E S E
F C P P T I E W I L P H I C E H E A D J
A H P R H O R L Q N O P A R M G L V Q L
M O F A M B T T T R Y N E Y O T D X X W
R C X L D C D U E T D D D R W C E U O B
G O L I R L T H T Y I N N A M L I P F B
V L O N V Q O R C T A R T A P I O L U S
N A L E O U A O E C I E B P C P N T O M
A T L E N S R E N M R F A T C D T T U W
E E I D A N F O U T C D R O U E R G N O
B Y P V F F T G A Y E O R U R N G A R L
Y F O W O T E F C I D N U S I N A A H L
L F P T O L F L D A B N C G I T B E N A
L A Q C B Y S N O A R O A W H T T O P M
E T U B D S A D L Z T A E C U D B I F H
J M U Q I C H L Z C E H M N K N R Y C S
P B B K Y S S K H V C N A E O C S O I R
U O S U G A R P L U M E G B L E O E P A
A N O U G A T K C K P O V E P G W R V M
```

Solution on page 178

Berry Delicious

```
K R Y Y O T U S P I C E B E R R Y C L A
U T J R R Y R R E B X O B H A R V E S T
O X S A R R K C I P Y K M U S R C B Z Y
X A T P M E E L S S V A L D P W A A C R
X A Y Q J Q B B E U R O E B B V W N R P
X V S R D E D N W I G E I L E I P E A R
M M Y Y R E B H O A S A Y U R K W B N E
U K V R R E W N N G R L R E R E V E B S
L F Y H R R B B Y N N T N B Y S B R E E
B N R R Y E E D E R Z I S E E D Q R R R
E W Y G R R B B A R R K L R L R V Y R V
R L J R R E C R K H R E T R V I R U Y E
R M Y Y E Y H Y E C S Y B Y C K Y Y S S
Y R R E B W O C O K A E S E K A C N A P
D S A S K A T O O N C H B V L W B F F U
G P Q U C G O O S E B E R R Y T R W R R
C U R R A N T S J Z R H H S W O R F E Y
Q J E L L Y W P F R U I T C Z V N O S S
Y R R E B A E T Y R R E B E N U J J H C
X A E Q C B B R X J V E N I W Q J Q W W
```

BANEBERRY
BILBERRY
BLACKBERRY
BLUEBERRY
BOXBERRY
BOYSENBERRY
CHECKERBERRY
CHERRY
COWBERRY
CRANBERRY
CURRANTS
DEWBERRY
FRESH
FROZEN
FRUIT
GOOSEBERRY
HACKBERRY
HARVEST
JAM
JELLY
JUNEBERRY
LINGONBERRY
LOGANBERRY
MARIONBERRY
MULBERRY
PANCAKES
PICK

PIE
PRESERVES
RASPBERRY
SASKATOON
SEEDS
SERVICEBERRY
SHADBERRY
SPICEBERRY
STRAWBERRY
SUGARBERRY

SYRUP
TART
TEABERRY
WHORTLEBERRY
WINE

Solution on page 178

Party Time

```
P O Q S K S A M P S S E M A G S T F I G
N S L D E K A C S O G S T A H R E Y B X
C S C Z E L Y E N J T A B L E C O V E R
X T I O L C G Q I S H A V A S R O V A F
E R E I N A O W K H E L T X A E C Q N W
P E R S R F T R P W M S T O E R S E L I
G A H E I R E P A P E P E R C C N A C W
S M V L D R T T N T T G Y O E H O I J I
T E P B C I P Q T Q I X S D N E I R F X
B R R A S Q C R D I N O I P T H T P Z M
T S R T P N Q O U I B A N N E R A B S M
I S B E W E O B G S S S O S R O T A R B
Q D D G N F R O I I X C T J P U I N E O
O A O E K N O G L H N Y J N I U V G W G
S N R V U D I M O L H G X O E V N Y O T
N C P S Y T S D U O A X E T C S I K L R
U I L B Y G C U P S D B C R E K E M F N
R N A D O S U H N O I S E M A K E R S E
L G Y Z M H L J W U H C N U P L A Y P N
Y D N A C O S T U M E S K R O W E R I F
```

BALLOONS

BANNER

BEVERAGES

CAKE

CANDY

CENTERPIECE

CIDER

CONFETTI

COSTUMES

CREPE PAPER

CUPS

DANCING

DECORATIONS

DINNER

DISC JOCKEY

FAVORS

FIREWORKS

FLOWERS

FOOD

FRIENDS

GAMES

GIFTS

GINGER ALE

GOODY BAG

HATS

ICE CREAM

INVITATIONS

MASKS

MUSIC

NAPKINS

NOISEMAKERS

PAPER GOODS

PLAY

POTATO CHIPS

PRESENTS

PRIZES

PUNCH

SODA

STREAMERS

SURPRISE

TABLE COVER

THEME

TREATS

VEGETABLES

Solution on page 179

Thanksgiving

BOUNTY

CORN

CORNUCOPIA

CRANBERRY

DINNER

EAT

FAMILY

FEAST

FOOD

FOOTBALL

GOBBLE

GRATITUDE

HARVEST

HOLIDAY

INDIANS

MAYFLOWER

MILES STANDISH

NOVEMBER

PIE

PILGRIMS

PLYMOUTH

PUMPKIN

SETTLERS

SHARING

STUFFING

SWEET POTATOES

THANKS

THURSDAY

TURKEY

WILLIAM BRADFORD

```
J Q W Y T N U O B J I G N I F F U T S Q
F A M I L Y S B P U M P K I N R N Z A R
S X I G Y R R E B N A R C I O H D C X Y
H U Z W R D D I N N E R N M T A E J R F
L S T C I A N O V E M B E R R R K I W D
Q K I H E L T T H A N K S Z Y V P F P X
P K R D U A L I H D Z S Y V H E A A C F
S M Z S N R A I T P C R R A E S K D R L
X Z S N K A S B A U L S J Q D T Q O M A
S Y S L H Y T D Z M D Y R Q P I Y O O V
S N H O E G S S A K B E M E I A L F B S
W U A K T H W E S Y E R W O L L N O F P
T L R I A L L W F E E S A K U T F G H I
C U J R D B Y E D M L A M D T T T W F D
T A I U B N A U U A N I V R F N H E P E
F N S O F S I U V G K O M V D O R Y S N
G R G F T V C O R N U C O P I A R O E D
E S W E E T P O T A T O E S T A E D C Q
Z S X X D D T A C Q M A Y F L O W E R S
S M I R G L I P O A D F O O T B A L L J
```

Solution on page 179

Traditional Anniversary Gifts

```
C D I J O A L P C X R S J J J P Z E U X
M E I N F A R R T L Q P T C K P W Q T K
K D C A A C U E P I L T K H Z N P W Q C
T G S J M N F S H A Q L E S Z O E L Q M
B T O A T O E G T T N D T X R R A A C D
K I O Z S H N I R V A E N U T I R R H O
T N X P C S N D B M E E B M E I L O I O
F V B T A U C R N L E Y L A Q K L C N W
A G A O M R O O E D A J A X E E S E A G
I W Z X Y N T O S A P P H I R E N G S Z
X L O S Z T S R K F F E L A C E N S S P
Y B T E O S P D E L A M M V P N E I V C
J A R C A O A F I P D G U E M N N L N O
L K N L T H J O B O P S R N R B I K K H
O H G T G X D S P Q T O J K I A L O I O
Y B E G O A W A C Z M Z C M Q M L C T H
O R A G L Z Z I X A I Y S E N A U D Y B
Y T R P D R F J H M M G E A Q H J L V T
S E O T O H M A E L O O W R E P A P A Q
R Y R O V I L O R E V L I S V G L S K N
```

ALUMINUM

BRONZE

CHINA

COPPER

CORAL

COTTON

CRYSTAL

DIAMOND

EMERALD

GLASS

GOLD

IRON

IVORY

JADE

LACE

LEATHER

LINEN

PAPER

PEARL

PLATINUM

POTTERY

RUBY

SAPPHIRE

SILK

SILVER

STEEL

TEXTILES

TIN

WATCHES

WOOD

WOOL

Solution on page 179

Christmas

BOW

CANDY CANE

CAROLERS

COMET

CUPID

DANCER

DASHER

DONNER

EGG NOG

ELF

FROSTY

GIFTS

GINGERBREAD

NOEL

NUTCRACKER

ORNAMENTS

PRANCER

PRESENTS

REINDEER

RUDOLPH

SANTA

SLED

SNOW

STOCKINGS

SUGARPLUMS

TANNENBAUM

TINSEL

TOYS

TREE

WRAPPING PAPER

WREATH

```
U S S L E D K D T A S R G E G G N O G V
P T H Y O G S T E Y E I P E W D T D G B
N C H T T N J S B E N A G W R M I C E U
T A W S H A V A D G A A T E C D N E S D
W N Y S L O L N E M J G P N Y W S K H C
B D N L S E I R B U R A C F A G E E M M
L Y K J O E B U M X P M A X S S L R H A
Z C S N R R L W Y G N U T C R A C K E R
L A Y R E A O Q N T E M O C Y R U M G M
U N H A E N Z I U B M B J Q Q A A Q U R
S E D E S L P S U G A R P L U M S A H E
T H L T D P O A T Y N R E C J K B O P C
O F S P A O R R T O W S E D U N Q G L N
C R O R R E N S A R Y I H C E P I O O A
K C W D C E O N E C M S M N N F I B D R
I W Z A E R S A E N P V N T T A O D U P
N Y C S F E T E Z R F A R S F W D N R W
G K C H M H R M N W T O R N A M E N T S
S O L E M U P T O T U W E P S P Z R B G
N S L R D S A U M Q S M V Z I C R A V C
```

Solution on page 179

Wedding Ceremony

```
G Q N G C P H D A N C E M A R R I A G E
T C F O R E R O N O I T P E C E R I E C
Y L O G I E R O N U N F A V O R S T P A
I Y D R B S H E P E B O U Q U E T I H E
H N E E S O S S M O Y R G N P W F N O P
Z Z X E D A W E U O S M E D L O I V T E
C P U R Z A G T C H N A O M E H G I O H
X R T K E A O E I O P Y L O M S O T G T
H E I T G N M S K E R B M Y N U V A R F
R H I N N O N D L Q G P V T O C C T A O
E E E I O E D I T P U Z L R H J F I P E
R A E R S T N A D N E T T A R O N O H C
A R G M G J A M F I S G P P D Z S N E I
E S L R N N G S I D T E S G C I E Y R T
B A T W I G R E A N L R J N A H R U E S
G L O I D B O D N S I O K I T G U B K U
N G S I D F L I C C S S I D E I T R A J
I N V R E M N R E J T F T D R E C J C X
R W V O W S Y B D F L O W E R G I R L H
E G I E Q V B W V K X P K W R Q P R U H
```

BOUQUET

BOUTONNIERE

BOW TIE

BRIDAL PROCESSION

BRIDESMAIDS

CAKE

CATER

CEREMONY

CHAPEL

CHURCH

CORSAGE

COUPLE

CUMMERBUND

DANCE

DINNER

ENGAGEMENT

FAVORS

FIANCE

FLOWER GIRL

GIFTS

GOWN

GROOM

GUEST LIST

HONEYMOON

HONOR ATTENDANTS

INVITATION

JUSTICE OF THE PEACE

MARRIAGE

MINISTER

ORGAN

PHOTOGRAPHER

PICTURES

PROPOSAL

RECEPTION

REHEARSAL

RICE

RING BEARER

SHOWER

TUXEDO

USHER

VOWS

WEDDING PARTY

WEDDING SONG

Solution on page 179

Easter

BASKET

BONNET

BUNNY

BUTTERFLY

CANDY

CELEBRATE

CHICK

CHOCOLATE

DAFFODIL

DECORATE

DINNER

DRESS

DYE

EGG

FAMILY

FLOWERS

GRASS

HUNT

JELLY BEANS

LAMB

LILY

PARADE

RABBIT

SPRING

SUNDAY

SUNRISE

TULIPS

```
Q I D U U E E M C T P P V D H T V L P G
X R V T T Y H O R U S Q C D S Q B G T S
X M E D D W A G H J X F G P S D F P V S
M P N E N X T U D H J M L Z B A F J N E
B O V J E T A L O C O H C O M K Q C S T
S U L T E I A L D R E S S I W C R Z S A
Y X I E D L I U D X J D L D J E B V A R
A N T N S E L P E W L Y B M A L R B R B
D A R N W P C Y N F U C Z T Y E L S G E
N K D O R N I O B M P D R B A O C Q E L
U L C B C A K L R E Y L F R E T T U B E
S N N I C K B R U A A G R D R N M H Y C
U F D T H A T B S T T N M A L S U L O D
H F I N I C N P I R L E S F X N I D I E
T E K S A B R D P T G G E F T L Y N S B
B R B B P I Q I Y Z O L G O Y S N I G U
B M Y P N X Q P P B U V L D F E R K J N
F L L G J V G A J K I M E I R N G S A N
R E D A R A P E I X J O D L U B J J U Y
Q P Q A S P E F P G Y C Q S T D U H R M
```

Solution on page 179

Labor Day

BARBECUE

BLUE COLLAR

BREAK

EARNINGS

ECONOMY

EMPLOYEE

EMPLOYER

HOURLY

INDUSTRY

JOB

MAN HOUR

MONDAY

NATIONAL HOLIDAY

PARADE

PAY

PICNIC

POLITICIANS

PRODUCTION

REST

SEPTEMBER

SPEECHES

TOIL

UNION

VACATION

WAGES

WEEKEND

WORKER

WORKFORCE

```
R E K K C S C F W O T P N R V E K C A C
E V T E N X Z Q Z I E T T H I D J Z D O
Y A Z A B A P I C N I C E Z A K R Y M X
O I N T S L T N A W K E N S P U E M S Z
L Z O K D A U I J O B P Q W O A X C Q R
P N I P T C Y E O S E H C E E P S J C O
M O T L Y G V F C N E C R O F K R O W Y
E I C D E K R K I O A W E E K E N D A P
U T U B Z C Y E M K L L D K N P Y P O S
O A D I X O O O K S V L H F A M K L H E
K C O Y M X N N E R T D A O A E I H O P
J A R G X D L G O O O C Z R L T R N U T
E V P C A L A Y I M P W H M I I O B R E
E M H Y Z W B L M Z Y K A C H I D Z L M
X D P E A R N I N G S N I F N K S A Y B
R D A L V C T K E P H A B U Q Q Q G Y E
H E V R O C N X H O N B A R B E C U E R
T C S H A Y O W U S I N D U S T R Y A W
A Y A T S P E R J L L X L L G D R C E E
S H Q M R R C E G D X C A J I I C G X Y
```

Solution on page 179

Baby Shower

ADVICE

BEVERAGES

BOY

CAKE

CATERED

CUPS

DECORATIONS

DIAPERS

FAVORS

FOOD

FRIENDS

GAMES

GIFTS

GIRL

GUEST LIST

INVITATIONS

LAUGHTER

MATERNITY

MENU

NAPKINS

NEWBORN

PACIFIER

PARTY

PLATES

PREGNANT

PRIZES

RELATIVES

STORK

TRIPLETS

TWINS

WRAPPING PAPER

```
E H O D Y A V H U Z C Y F I Z S S R W E
Z B G A U T H K X K Z L X J X Q E R M S
D G H Y I L I A V G V G S R Z T A T B G
I G U A T Z R S S E T A L P H P T W E M
Z V N E Z I T I Q P R P Z G P S H G V N
N C K L S E N K G E T T U I P T M D E R
S A Q P L T P R L N L A N F A O R E R O
S E P P R S L A E C L G P A R R N C A B
O P I K T E T I F T P J A V T K X O G W
F R O B I I G S S A A D C O Y H W R E E
T X L Y V N K N P T Y M I R D F L A S N
H Y B E R S S E A F R J F S D L S T E K
M O S L S T R W I N T A I W N R M I C D
A P L C A T E R E D T E E S E G P O I B
L C A K E Z Z A I J K W R P D R V N V O
I N V I T A T I O N S S A S I N F S D Y
K M M N Y G I F T S E I N Z H N E O A G
K Y P R O G S C B M D I E S P U C I O A
B W D K B Y Z Z A D W S U N E M K K R D
M E K P E E D G Z T L S U D K D C E Y F
```

Solution on page 179

Happy Hanukkah

ALTAR
APPLESAUCE
BEGINNING
CALENDAR
CANDELABRA
CHAI
COINS
CRUSE
DEDICATION
DREIDEL
EIGHT DAYS
ENDURING
FEAST
FESTIVAL OF LIGHTS
FOOD
GAMES
GELT
GIFTS
GIMEL
GIVING
HEBREW
HOLIDAY
JELLY DOUGHNUTS
JERUSALEM
JEWISH
JUDAH

KISLEV
LATKES
MACCABEES
MENORAH
MIRACLE
OIL
PARTY
POTATO PANCAKES
REJOICE
RUGALACH

SHABBAT
SHAMASH
SHIN
SIVIVON
SUFGANIYOT
TORAH
TRADITION
VICTORY

```
R L K F M H J M B K J E W I S H C X Z K
C A N D E L A B R A B F H A R O N E M S
H T D B Q S Z Y L E D P K I S L E V S F
Z K R N G D T E G G C E A S O I U E Z Q
O E G D E C O I N S J I D R H D K N M B
W S I W L L N O V G E H O I T A L T A R
K Q V T T N A W F A L F G J C Y B J C Y
E W I Q I E D C G J L T J N E A D B R I
Q G N N Z C W F E C Y O A L I R T O A J
P F G T H U O R R R D P F S K R T I I T
I R L A W A U U Y J O U U L B C U I O K
R S D U S S S H H T U F I Z I T O D U N
B U T V A E E T A S G O E V R G F A N L
J Q G L O L M T H A H S Y A D T H G I E
B H E A C P O A N S N Q D F E A S T R D
C M G A L P M I G T U I N O V I V I S I
T I R E M A Y T S F T O R A H S H I N E
Q I M B S O C W I I S E E B A C C A M R
M I Z H T C K H O G J J L Z P C V H A D
G C H T F K H N G X U G F Y V S R C Q F
```

Solution on page 180

Fourth of July

```
L W Y H D C R L R U T M N L V A J S G F
N E N A P O E F S T N A K D K Y T E B I
O I O M I N M A U Z M M C Z X A O O C R
S B I E C G M U O T S D M D T R T L E E
R D T R N R U A B K O O I E G T C I L C
E E U I I E S X R C D N S E L F V B E R
F C L C C S W O U E D W W E Y C L E B A
F L O A A S W M E E X A R D R K X R R C
E A V K W E E R P J S O H J P J B T A K
J R E G R N F E W H C P Z S T J E Y T E
S A R I T O N H I K O V N J Y O X H E R
A T F F A D E N E T N E M N R E V O G J
M I Q L E D G T C L Y D R A O H V A W W
O O U N A T M R C P D G K I C L T F J E
H N C R O S E P I R T S D N A S R A T S
T E A N S R E H T A F G N I D N U O F E
M P S Y L W P A T R I O T I S M X B T G
T N E D I S E R P M K D R U M A L I V A
I M I S M H U N I T E D E H M U H A U Q
H H G A L F M Z V C X B G R E W X X S X
```

AMERICA

BLUE

BOTTLE ROCKET

CELEBRATE

CONGRESS

DECLARATION

DOCUMENT

FIRECRACKER

FIREWORKS

FLAG

FOUNDING FATHERS

FREEDOM

GEORGE WASHINGTON

GOVERNMENT

INDEPENDENCE

LIBERTY

PARADE

PATRIOTISM   UNITED

PICNIC   USA

PRESIDENT   WHITE

RED

REVOLUTION

STARS AND STRIPES

STATES

SUMMER

THOMAS JEFFERSON

Solution on page 180

Trick or Treat

```
X D I Y W X P F P C V W W E B S H K F P
Q G S R E D I P S L U O H G V D C L N H
S T N O I T O P I F Y P E E R C O A C I
T L I I N V I S I B L E M A N W B T R T
P L L R B I U L G X K H C F E C A N D Y
T A B E I B G P H O O U Y R E P N I R C
S F O A P P O H R L L R E I W T S V Y P
H W G K P S S B T A E W F G O P H O K C
H S E S U O H D E T N U A H L Y E B I N
O K D I A I Y L E L L K G T L R E Y T S
T E A H R I B M E L P I R E A C N E X I
V L R S C D E R M W R P O N H H O T F Z
F E E E A C T O O E B B A I Y O T Q V A
Y T U R U D O R B O L J N N K C S A G J
Z O Q I L N C O N A M E I G O O B W B O
U N S P D E T E C E M S I S O L M Y L K
Q O A M R C S K A I P N T X P A O D N M
S S M A O L C O F F I N A I S T T B U I
C B C V N A H S E M U T S O C E B E S H
R S R E T S N O M U M M Y I M K L T Q J
```

APPLE BOBBING

BANSHEE

BAT

BLACK CAT

BONES

BOOGIE MAN

BROOMSTICK

CANDY

CAULDRON

CEMETERY

CHOCOLATE

COFFIN

COSTUMES

CREEPY

CRYPT

DRACULA

FALL

FRIGHTENING

FULL MOON

GHOULS

GOBLINS

GROAN

HALLOWEEN

HAUNTED HOUSES

INVISIBLE MAN

MASQUERADE

MOAN

MONSTERS

MUMMY

NIGHT

OCTOBER

PATCH

POTION

PRANK

SCARECROW

SCARY

SKELETON

SPELLS

SPIDERS

SPIRIT

SPOOKY

TOMBSTONE

VAMPIRES

WEIRD

WEREWOLF

Solution on page 180

Birthday Party

```
L Y S I Y D X D F Q X V D M L E N K F X
V A T S B L L N Y P A R T Y B G E J L C
L L K U A D X J E S N O O L L A B M W F
X P U W H H U S Y J C F N U H A P P Y A
N R O B L J N I D Z V Y A C A K E X H Y
R G M J B Q D C C L O W N V M K A A R M
T W I W R L A E U N U Z K Y O L E N S A
X N I F O O H C A W Q K D J W R E N G N
M T E N T Q V R S U R P R I S E O R N N
I T W S V Q V E G L B S Y H T I Y S I S
G W B H E I W A A C R D F O T H F O C X
S U Q N O R T M B E E O R A S L F U I M
Q D E Q D B P A M V O L R Y U Y T F Q U
O V N S N A R A T D A O G A B Y D O O G
F F C E T O E T Z I C S E L D N A C M S
V G Q K I R H D R E O Y S E M E H T I A
I Y M C T R J C D E Y N D E E G A N T G
Y I O S M G F A N R A I V N M K G V Z T
X L N R S C N H Y U G T E G A A W D A X
C E R H W X U P Y J P V S Q K C G H J K
```

AGE

BALLOONS

BORN

CAKE

CANDLES

CANDY

CLOWN

DECORATIONS

FAVOR

FOOD

FRIENDS

GAMES

GIFT

GOODY BAG

GUEST

HAPPY

HAT

ICE CREAM

ICING

INVITATION

OLD

PARTY

PLAY

PRESENT

PUNCH

SING

STREAMERS

SURPRISE

THEME

TREATS

Solution on page 180

Be My Valentine

ANGEL

BE MINE

BOY FRIEND

CANDY

CARDS

CHOCOLATE

CUPID

DANCE

DARLING

DATE

DEAR

FEBRUARY

FLAME

FLOWERS

FORGET ME NOT

GIFTS

GIRL FRIEND

GOODIES

HONEY

HUGGING

HUSBAND

I LOVE YOU

JEWELRY

KISSING

LACE

MUSIC

PINK

POETRY

PUPPY LOVE

RED

ROMANCE

ROSES

SAINT VALENTINE

SCENTS

SONGS

SWEET NOTHINGS

SWEETHEART

SWEETS

TEDDY BEAR

TOGETHER

VENUS

WIFE

```
G H M E N I T N E L A V T N I A S L I R
T M U Y S C F J I R V W U U J W A L H B
S W Q Z T X L F O R G E T M E N O T S J
U V H Q K A A C S D R A C E A V I R C M
J L S H B J M T W A P S T B E M I N E K
X W K X D G E E E T A N T Y A C J Q N L
F I H O N E Y B E H O H O F K T N B T E
R Q M Q W P Y T T T H U G G I N G A S S
B O U S J D A G H M E A A O O G I U D G
Q X S A D L X I E D I S G N O S S P M S
S S V E O H N R A H U S B A N D W P A Q
S Y T C S G K L R M U S I C P E I O D Q
A Z O R S N O F T T A Y R A U R B E F Q
H H H G N I L R A D N Z N N P E R T S J
C X G N I S S I K U G C B D P F V R L Z
W U X T T O G E T H E R X Y Y I E Y F F
G X P R O M A N C E L M O O L W N D M L
T I A I B C Z D N E I R F Y O B U W A V
A E Z Y D A T E X Q C Q P L V N S C F Z
D C P K R J G A V C F J F J E W E L R Y
```

Solution on page 180

Happy New Year!

```
A J S Y O D D R A D N E L A C H E E R N
T R Z T U C F A T H E R T I M E O T R M
O P A R A D E S X C W H D O A E T C I M
M L L A B I E L O R Y A H T U X E D O B
S X M P T M O D E K E P T E Z T N N E O
W L P W A M D I V B A P N E H I W G N M
E T O G S A R C E A R Y E Y G O I T G A
D B E R N F A K N U S A B H D N I A A N
D F V C S I B C I G R R T T N M Q H P J
I L I S Y R M L N J E X N I E E R P M R
N N T O A S O A G D S U N S O C R O A N
G F S M D T L R G O O G S T I N Q T H G
N I E D I D Y K O C L Q T R D A V U C L
I R F L L A U O W K U H R E B R G O O E
D E M U O Y G P N A T O E A S B E H N T
N W A S H X D E R U I R C M K M N S F Y
E O R E K A M E S I O N N E L E H O E V
Z R E S O L U T I O N S O R P M E L T H
Y K S P H Z K O H U K S C S J E L J T P
G S C D D Q F R F A J A N U A R Y G I D
```

AULD LANG SYNE

BALL

BEGINNING

BOW TIE

CALENDAR

CELEBRATION

CHAMPAGNE

CHEER

CONCERTS

CONFETTI

COUNTDOWN

DANCING

DERBY

DICK CLARK

ENDING

EVENING GOWN

FATHER TIME

FESTIVE

FIREWORKS

FIRST DAY

FUN

GAMES

GUY LOMBARDO

HAPPY

HOLIDAYS

HORN

JANUARY

MIDNIGHT

NEW YEARS RESOLUTION

NOISEMAKER

PARADES

PARTY

REMEMBRANCE

RESOLUTIONS

SHOUT

STREAMERS

TIMES SQUARE

TOP HAT

TUXEDO

WEDDING

YELL

Solution on page 180

Santa Claus Is Coming to Town

```
Y V N O M S U A L C A T N A S E V L E X
S Y W S F P R A N C E R E C N A D A O H
I G D G B I S A L O H C I N T N I A S J
P M N A B N W B E A R D E E H A U D O E
Y R P I S O E C Y B H P L O D U R U L E
R E E Y K H W Z A E R G P U Y G K J A R
L E W S E C E L T A N A T P O H S Y O T
D D X Z E H O R F I C M L D J T S J C E
A N W T H N E T R U L Y I O Y Y E V O L
D I D P C W T K S T L B C H P O N T B X
U E E O Y R S S N O W L T K C R I W Z E
Q R C H R I S T M A S T O W N N P T K O
N F E S R E N N O D N G O F H I P O H S
T W M K E S O N D E R L S Y J C A O F T
I E B R H S A M T S I R H C R E H T A F
K O E O C A N D Y C A N E S Q O L P Y I
R X R W U O K K I S L E I G H M A L L G
O I D L P L M G H N U B A G O F T O Y S
Y U S G I U A E A I M Z J O T D W A R Y
H O J M D M N R T B O J X F E C H Y W N
```

BAG OF TOYS

BEARD

BLITZEN

BOWL FULL OF JELLY

CANDY CANES

CAP

CHERRY CHEEKS

CHIMNEY

CHRISTMAS TOWN

COAL

COMET

CUPID

DANCER

DASHER

DECEMBER

DONNER

ELVES

FATHER CHRISTMAS

GIFTS

HAPPINESS

HAT

HO HO HO

JOY

KRIS KRINGLE

LOVE

MAGIC

MALL

MILK

NAUGHTY OR NICE

POLAR BEARS

PRANCER

PRESENTS

RED NOSE

REINDEER

RUDOLPH

SAINT NICHOLAS

SANTA CLAUS

SLEIGH

SNOW

SOOT

STOCKINGS

TOY SHOP

TREE

WORKSHOP

Solution on page 180

Animated Cartoon Characters

```
N P E B B L E S R E C A R D E E P S P P
A O G N A M O W R E D N O W E L I N U S
M R U F O G H O R N L E G H O R N D Q C
T K M R D N U O H Y R R E B E L K C U H
R Y B E I R N D L K Y T L R K I P E I E
A P Y D L K D Y C C R A B E D S A L C C
C I O F Y C E W D U R C B N D A N B K K
H G S L O U R O A D E E U N U S T B D L
O M E I E D D O F D J H R U F I H U R E
M I M N V Y O D F L D T Y R R M E R A A
E C I T I S G P Y A N X E D E P R Y W N
R K T S L I V E D N A I N A M S A T M D
S E E T O A O C U O M L R O L O L T C J
I Y S O Y D E K C D O E A R E N I E G E
M M A N M F S E K P T F B L M E I B R C
P O M E G E O R G E J E T S O N Z F A K
S U D Q Y L H O O P E H T E I N N I W L
O S R E P S A C G W I L E E C O Y O T E
N E S U O M Y T H G I M R M A G O O A P
N A M R E P U S C O O B Y D O O B O O B
```

BARNEY RUBBLE

BETTY RUBBLE

BOO BOO

CARTMAN

CASPER

DAFFY DUCK

DAISY DUCK

DONALD DUCK

ELMER FUDD

FELIX THE CAT

FOGHORN LEGHORN

FRED FLINTSTONE

GEORGE JETSON

GOOFY

GUMBY

HECKLE AND JECKLE

HOMER SIMPSON

HUCKLEBERRY HOUND

LINUS

LISA SIMPSON

MICKEY MOUSE

MIGHTY MOUSE

MR MAGOO

OLIVE OYL

PEBBLES

PINK PANTHER

PORKY PIG

QUICK DRAW MCGRAW

ROAD RUNNER

SCOOBY DOO

SPEED RACER

SUPERMAN

TASMANIAN DEVIL

TOM AND JERRY

UNDERDOG

WILE E COYOTE

WINNIE THE POOH

WONDER WOMAN

WOODY WOODPECKER

YOSEMITE SAM

Solution on page 181

'60s Flashback

ALTAMONT

ANNETTE FUNICELLO

ANTIWAR

AUSTIN POWERS

BAY OF PIGS

BERLIN WALL

BIRTH CONTROL PILL

BREZHNEV

CIVIL RIGHTS

COUNTERCULTURE

CUBAN MISSILE CRISIS

ENVIRONMENTALISM

FEMINISM

FOLK MUSIC

HAIGHT ASHBURY

HIPPIES

JANIS JOPLIN

JIMI HENDRIX

LBJ

MAN ON THE MOON

MARTIN LUTHER KING

MIDNIGHT COWBOY

MOD

NIXON

OSCAR ROBERTSON

PROTESTS

PSYCHEDELIC

ROBERT KENNEDY

ROCK AND ROLL

SAN FRANCISCO

SEXUAL REVOLUTION

SONNY LISTON

THE BEACH BOYS

THE MONKEES

TIE DYE

TWIGGY

WILT CHAMBERLAIN

```
T S Y O B H C A E B E H T I E D Y E R N
W R I O U A A N Q L L O R D N A K C O R
I A F S B O C S I C N A R F N A S X B V
G W F C I X I R D N E H I M I J I Z E U
G I K A R R N O O M E H T N O N A M R S
Y T N R T S C E B A Y O F P I G S C T E
O N I R H N C E A R Q C F S N A B O K X
B A A O C I I B L T D N Z E O L R U E U
W U L B O L L E C I N U F E T T E N N A
O S R E N P E R I N S E E K S A Z T N L
C T E R T O D L S L T S M N I M H E E R
T I B T R J E I U U S E I O L O N R D E
H N M S O S H N M T E I N M Y N E C Y V
G P A O L I C W K H T P I E N T V U D O
I O H N P N Y A L E O P S H N A J L O L
N W C U I A S L O R R I M T O D B T M U
D E T B L J P L F K P H M D S J R U K T
I R L T L X C I V I L R I G H T S R C I
M S I L A T N E M N O R I V N E R E O O
J K W A G C H A I G H T A S H B U R Y N
```

Solution on page 181

Reality TV

AMAZING RACE

AMERICAN CHOPPER

AMERICAN INVENTOR

AVERAGE JOE

BEAUTY AND THE GEEK

BOOT CAMP

BULLRUN

CELEBRITY MOLE

CODE ROOM

COMBAT MISSIONS

COPS

EXTREME MAKEOVER

FEAR FACTOR

FLAVOR OF LOVE

FRATERNITY LIFE

FRONTIER HOUSE

JOE MILLIONAIRE

LAST COMIC STANDING

OSBOURNES

SOLITARY

SORORITY LIFE

SURVIVOR

TEMPTATION ISLAND

THE APPRENTICE

THE BENEFACTOR

THE CONTENDER

THE MOLE

THE ULTIMATE FIGHTER

TREASURE HUNTERS

UNDER ONE ROOF

WHILE YOU WERE OUT

```
M T T K F R O N T I E R H O U S E C A H
K U H E R I A N O I L L I M E O J O Q O
L D U E R E P P O H C N A C I R E M A T
W N W G U N D E R O N E R O O F H B M R
H I N E L L M E C A R G N I Z A M A E E
I J R H V Z T E O J E G A R E V A T R A
L A S T C O M I C S T A N D I N G M I S
E R C D C O L H M S O L I T A R Y I C U
Y E J N F C J F E A R F A C T O R S A R
O D N A L S I N O I T A T P M E T S N E
U N N Y O S B O U R N E S D P K J I I H
W E P T C O D E R O O M F K M E H O N U
E T M U T H E M O L E V E I H R K N V N
R N A A B U L L R U N X A G G L S S E T
E O C E L E B R I T Y M O L E H M M N E
O C T B S O R O R I T Y L I F E T I T R
U E O D F R A T E R N I T Y L I F E O S
T H O P E X T R E M E M A K E O V E R B
E T B S S T H E A P P R E N T I C E Q J
T H E B E N E F A C T O R O V I V R U S
```

Solution on page 181

108

Comedians

BENNY HILL

BILL MURRAY

BILLY CRYSTAL

BOB GOLDTHWAIT

BOB HOPE

BOB NEWHART

BUDDY HACKETT

CHARLIE CHAPLIN

CHICO MARX

DICK SMOTHERS

DOM DELOUISE

DUDLEY MOORE

GARRY SHANDLING

GEORGE BURNS

GEORGE CARLIN

GILDA RADNER

JACK BENNY

JOHNNY CARSON

JONATHAN WINTERS

MOREY AMSTERDAM

RICHARD PRYOR

ROBIN WILLIAMS

RODNEY DANGERFIELD

SHECKY GREENE

THE THREE STOOGES

```
Q R N Q Q C J X J B D Y G F M I M O S V
W X O X S D I A R O O E E A T W M R N B
S D F D Z H C Z M E O B D T L D E U N O
D T I X N K E D R R N R N A W T P S Y B
O U C C B E E C G O E D T E N A E M Q G
G B D E K L Y E K T Y S A I W G N C V O
U E N L O S C D S Y Y R W R O H H T G L
Y N O U E A M M A R G N P O A A A N Y D
Y A I R R Y A O C N A R T D R D I R C T
E S R L G Y M Y T H G S E L R L L H T H
E P I R E E L O T H E E I E D A I I T W
L N O R U L B A O E E E R N N C H R G A
L Z O H I M N U R R C R A F O E K C K I
I M H B B O L H R H E H S M I A P Y I T
H D T E J O T L A N S U A D R E Y I L R
Y E Z T K E B P I Y S R V O I Z L K U H
N T Q P H A L F R B X X Y J J J M D L W
N F S T P I C R T T E K C A H Y D D U B
E D J G N S A R O B I N W I L L I A M S
B D D E H G J O H N N Y C A R S O N E L
```

Solution on page 181

Campus Mascots

BADGERS

BEARCATS

BEAVERS

BOBCATS

BOILERMAKERS

BRUINS

CATAMOUNTS

COMMODORES

CORNHUSKERS

COUGARS

COWBOYS

CRIMSON TIDE

CYCLONES

EAGLES

FALCONS

GOVERNORS

HAWKEYES

HOOSIERS

HURONS

HURRICANES

HUSKIES

LOBOS

MINERS

NITTANY LIONS

OWLS

PANTHERS

PATRIOTS

```
S S T E K C O R J V S S N O R U H B R C
P R R E B E L S Z P S R E G I T W B Y G
Z Q E E B L X Z R D K J S N A J O R T B
S S R N I F S E N I R E V L O W R S O V
S C R N I S T N S T T P H Y S L R B S F
P O C O M M O D O R E S E K E O C E N F
A W B U N E D O R I Z L C O I A I Y O F
C B S O X R P E H Q L A O R T K M Q C H
W O E R L Z E A K O B Y R S S S S W L E
X Y L A E Q W V W R C A N U Y R E S A Z
E S G A R K G J O R W S H A S E N R F U
D O A N E C A Z I G H R U T T H A O Y S
U W E Y R C A M M Z F S S S N T C T M I
U L E C K R S T R L L N K R U N I A U D
E S X E R O N G S E M A E E O A R N R P
Z O T J N Q I K E I L T R G M P R E K M
I S N T Y K U H M T P I S D A K U S S L
E S I P A T R I O T S T O A T O H T U W
T D O A E A B S R E V A E B A Q B R E E
E C R N T S T A S R A G U O C D D F L S
```

RAMS

RAZORBACKS

REBELS

ROCKETS

SENATORS

TAR HEELS

TERPS

TIGERS

TITANS

TROJANS

UTES

WARRIORS

WOLVERINES

YELLOW JACKETS

Solution on page 181

What's Your Sign?

```
E R C P E M U L S E C A L P H T R I B E
E H E W Y E P H E M E R I S R J Y K P B
U U C G H W D P M I D H E A V E N Y I N
L E W A O S C O R P I O H E A V E N S O
E K E E D L C V N S T C E P S A V P C H
F M X D I Z O A D H L B F O R T U N E O
A V Q B O A B R N A T G E M I N I R S E
N C R T C N O I T C N U J N O C E O J O
Y A S U A H H A R S E R O I W T E C D H
R A T D G U N T R T A R T S I T S I O R
U Z I S E I R A R Q H C Q P A J V R C R
C E S R S Z T U U O I C U D T I O P A T
R W N H R S E A S D N J H N N S M A L M
E D A R G O R T E R W T A A C Q S C R W
M X R A D I E R C D R D T O R V E N U S
Q I T I U N P R Z I N I P L G T X O T I
S H P S A K Z F B E O E X E W R T O G G
Y R B L M S Y T C N U J N O C N I M C N
S L P P U C T S A C E R O F C C L V J I
T R I N E R A U Q S D M H O U S E S Y K
```

AQUARIUS

ARIES

ASCENDANT

ASPECTS

ASTROLOGER

BIRTH CHART

BIRTH DATE

BIRTHPLACE

CANCER

CAPRICORN

CONJUNCTION

DIVINATION

EPHEMERIS

FORECAST

FORTUNE

GEMINI

HEAVENS

HOROSCOPE

HOUSES

INCONJUNCT

JUPITER

LEO

LIBRA

MARS

MERCURY

MIDHEAVEN

MOON

NATAL CHART

NORTH NODE

PISCES

PLANETS

PREDICTION

RETROGRADE

SCORPIO

SEXTILE

SIGN

SOUTH NODE

SQUARE

STARS

SUN

TAURUS

TRANSITS

TRINE

VENUS

VIRGO

Solution on page 181

Star Trek

BEVERLY CRUSHER

BONES

CARDASSIANS

CHEKOV

DEANNA TROI

ENGAGE

ENTERPRISE

ESCAPE POD

FEDERATION

FERENGI

GEORDI LAFORGE

GUINAN

HOLODECK

JADZIA DAX

JAMES T KIRK

JANEWAY

JEFFERIES TUBE

KLINGONS

PHASER

PHOTON TORPEDO

PICARD

PROMENADE

QUARK

READY ROOM

RODDENBERRY

ROMULANS

RUNABOUT

SCOTTY

SEVEN OF NINE

SPOCK

SULU

TASHA YAR

THE BORG

UHURA

VOYAGER

VULCANS

WARP DRIVE

WARP SPEED

WESLEY CRUSHER

WILLIAM RIKER

WORMHOLE

YEOMAN RAND

```
Q A X L V O K E H C G C R K V W T L D D
K S H E S W I L L I A M R I K E R F E S
C M S E P N E D I E S I R P R E T N E P
B X D E L H A S A N K C E D O L O H P O
J O J A L A O I L T G R O B E H T W S C
R U N A B O U T S E A O D I D P A R P K
E R R E N R H E O S Y N N J F R E T R K
G E T G S E M M N N A C X S P H A A A Q
A A B S E A W A R R T D R D S S U C W F
Y D X U J O L A N O O O R U H Q S F I W
O Y U L T U R A Y P W I R A S M E E H P
V R H U M S M D E G V C Y P C H V D X R
U O U O A O E P I E Y A A N E L E E Y K
L O R V E N A I Y L R D O Q F D N R G N
C M A Y G C I O R T A N N A E D O A U U
A P H A S E R E P E T F A P R C F T I J
N Q G E U P V Z L M F O O S E F N I N K
S E D A N E M O R P U F C R N A I O A X
Y R R E B N E D D O R X E S G I N N N G
R Y Z M J X A D A I Z D A J I E E R A Q
```

Solution on page 181

Funny Pages

BARNEY GOOGLE

BEETLE BAILEY

BETTY BOOP

BIG NATE

BLONDIE

BLOOM COUNTY

BO NANAS

CALVIN AND HOBBES

CATHY

DENNIS THE MENACE

DICK TRACY

DILBERT

DOONESBURY

DRABBLE

FAMILY CIRCUS

FOXTROT

FUNKY WINKERBEAN

GARFIELD	MUTT AND JEFF	THE WIZARD OF ID
GEECH	NANCY	ZIGGY
HAGAR THE HORRIBLE	PARDON MY PLANET	ZITS
HEATHCLIFF	PEANUTS	
HI AND LOIS	POPEYE	
KRAZY KAT	PRINCE VALIENT	
LUANN	SALLY FORTH	
MALLARD FILLMORE	SHERMANS LAGOON	
MARMADUKE	SPIDERMAN	
MOMMA	THE BORN LOSER	

```
N O D U E K U D A M R A M P Y H E B S C
E N S U C R I C Y L I M A F T Y L E H A
L T A H Y S W E B Q Z R L L N M B T E O
B H L U E T K H L P D O L L U B I T R R
B E L F L U R A O O B E A Z O A R Y M T
A B Y F I N A M N P I C R H C R R B A G
R O F E A A Z M D E G A D I M N O O N Z
D R O J B E Y O I Y N N F A O E H O S G
I N R D E P K M E E A E I N O Y E P L H
L L T N L M A F B N T M L D L G H E A H
B O H A T I T K I H E E L L B O T D G J
E S N T E X E V E S S H M O S O R I O J
R E Y T E O L A I K K T O I P G A C O H
T R G U B A T V Z I T S R S I L G K N C
K H G M C H K G A R F I E L D E A T N E
P R I N C E V A L I E N T D E P H R A E
E T Z L F U N K Y W I N K E R B E A N G
X D I F O D R A Z I W E H T M T N C C N
D F Y R U B S E N O O D I C A T H Y Y Y
F O X T R O T V O V S A N A N O B E Q C
```

Solution on page 181

World Wide Web

APACHE

APPLET

ASCII

BANDWIDTH

BLOG

BROADBAND

BROWSER

COOKIE

CYBERSPACE

DNS

DOMAIN NAME

DOWNLOAD

DSL

EMAIL

EXPLORER

FIREFOX

FTP

HOMEPAGE

HTTP

HYPERTEXT

INTERNET

IP ADDRESS

JEFF BEZOS

JERRY YANG

MICROSOFT

MODEM

MOSAIC

MOZILLA

NAVIGATOR

NETIQUETTE

NEWSGROUP

PASSWORD

PODCAST

SAFARI

SEARCH ENGINE

SERVER

TIME WARNER

UPLOAD

URL

WEB PAGE

WEBSITE

WWW

```
M Y Z G I O T D K D F D X K E T F D I G
W F P T B G I W T V Z T S A C D O P I S
X T A X Q U P L O A D E V L B C N S I K
Z N R E E M A N N I A M O D Y V N W M X
B K O T Q U D I U R L W E B P A G E T I
U A T R I Y D B C E T T E U Q I T E N N
K B A E B M R H P U O R G S W E N Z N E
A R G P L P E W E B S I T E L P P A H R
P Z I Y O N S W E P A W D U D R A C E R
J J V H G B S B A N D W I D T H A S S U
T G A I B J P C M R Y W N L H P W Z T E
A T N P X P E O E D N A B D A O R B D B
T E H A A X D F E X S E A W R D D V E X
R N M S Y E O A F M P E R B S C U G R I
Y R S S M Y R F O B A L R C C I A S O M
T E P W O V R Z E L E I O V O P T T H W
Y T D O G E I R B R N Z L R E O Z H W B
F N R R V L F W E C I W O M E R K H N J
Y I T D L Y E S V J T F O S O R C I M Z
S A F A R I I C S A S H P D N S F V E L
```

Solution on page 182

Turn on the TV

AMERICAN IDOL

AS THE WORLD TURNS

BARNEY

BIG BROTHER

BOB THE BUILDER

DALLAS

DARK SHADOWS

DAWSONS CREEK

ENCORE

ENTOURAGE

ESPN

FAMILY GUY

FOX

GREYS ANATOMY

GUIDING LIGHT

HBO

HEROES

INSPECTOR GADGET

JACKASS

JUDGE JUDY

LOST

MSNBC

MTV

OUTDOOR CHANNEL

OXYGEN

PAX TV

RUGRATS

SABRINA

SCOOBY DOO

SCRUBS

SMALLVILLE

STARZ

SUNDANCE CHANNEL

SURVIVOR

TBS SUPERSTATION

TECHTV

TELETUBBIES

THE LEARNING CHANNEL

THE SOPRANOS

TNT

TODAY SHOW

TRAVEL CHANNEL

WEATHER CHANNEL

```
Y D S T R A V E L C H A N N E L U H K A
J M W J I N S P E C T O R G A D G E T M
X F O S U G B T K R T G S E O R E H B E
S G D T C D F O H E L R B A R N E Y I R
E S A F A R G Z B E E Z U K M L P U G I
R U H A N N U E J T W R R G E M S N B C
O N S M I P A B J E H O C A R M Y Q R A
C D K I R T B S S U P E R S T A T I O N
N A R L B C O P Y E D N B L N S T V T I
E N A Y A S N T J E I Y V U D O I S H D
N C D G S N R J H N R B S L I T S N E O
T E G U I D I N G L I G H T P L U W R L
O C V Y Q J A C K A S S A L L A D R A B
U H W E A T H E R C H A N N E L X E N D
R A S O N A R P O S E H T I S I O T R S
A N L E N N A H C R O O D T U O F N V T
G N D N N A T O D A Y S H O W L X T S U
E E E L L I V L L A M S U R V I V O R C
L L V T H C E T R Q N E G Y X O L H B G
O O D Y B O O C S E I B B U T E L E T H
```

Solution on page 182

Costume Party

```
F H I P H P H C T I W K M U M M Y A A U
H S P I D E R M A N A M E R I F R F J O
V P S N W A L L I R O G E R A L I E N N
A U O I M U G W S S E C N I R P A E I K
O J U L Z D U E T T O B O R E J F H N N
P U T B I U B R S K E L E T O N S S X M
U S H O N C Z E O L E G N A Y S X N W S
M O E G C D E W H T U A N O R T S A O N
P E R S R I B O G A M U B Z D K E B R U
K L N Y E E U L F T O W V A D X T R C R
I V B E D G M F A F O G A R G O Y L E S
N I E S I I B B K C I D C V A M P I R E
A G L H B C L C N O C C H B Y Y D Z A T
M Y L T L I E A R E P A E R M I R G C D
G K E O E N B V K Y N A M R O L I A S S
N A W M H R E I D L O S L Z O M B I E I
A N J S U P E R M A N L H K C O L R A W
H E A D L E S S H O R S E M A N I S Y S
Y N M W K S N Y J H L C A V E M A N R H
S S V I W G W Z G I J V T L W U J Z F Q
```

ALIEN

ANGEL

ASTRONAUT

BANSHEE

BATMAN

BUMBLE BEE

CARE BEAR

CAVEMAN

CLOWN

FAIRY

FIREMAN

GARGOYLE

GHOSTS

GOBLIN

GORILLA

GRIM REAPER

HANGMAN

HEADLESS HORSEMAN

INCREDIBLE HULK

JAILBIRD

MOTHS

MUMMY

NINJA

NURSE

POLICE OFFICER

PRINCESS

PUMPKIN

ROBOT

SAILOR MAN

SCARECROW

SKELETON

SOLDIER

SOUTHERN BELLE

SPIDERMAN

SUPERMAN

URBAN COWBOY

VAMPIRE

WARLOCK

WEREWOLF

WITCH

ZOMBIE

Solution on page 182

116

Board Games

```
H Y C S M O D G N I K E L B B A R C S K
Y C R A N I U M A S T E R M I N D G S T
S R E E R A C B A C K G A M M O N I S D
I P L D W O K K N O R A B L I A R T A C
C C X M L P G E A T L A N T I S C E I O
I S P O Y E P R S L C A R R O M H V A G
D T I U S R U P L A I V I R T K I G K E
E O C S O A Y L R N N F E Q C L N N Q T
M C T E P T C U E D Y D E O I E E O C A
R K I T P I D N T Y I M L Z J L S I B R
M T O R I O N K S A Y B A A B G E T A T
U I N A H N A S I R J T O U D Y C C T S
E C A P Y M L S W D I M O B R D H E T A
K K R T R O Y E T O S R A R D E E F L M
P E Y C G N D H N S T S O H G J C R E U
B R A Z N O N C R O S S T R A C K E S R
F B D I U P A R C H E E S I I L E P H A
A W Y E H O C O N N E C T F O U R E I I
W G A X C L Y J Z I U Q R E P U S H P Z
Y M P X L Y O O R A K C U B J U N T A Q
```

ATLANTIS
BACKGAMMON
BATTLESHIP
BLOCKHEAD
BUCKAROO
CANDY LAND
CAREERS
CARROM
CHESS
CHINESE CHECKERS
CIVILIZATION
CONNECT FOUR
CRANIUM
CROSSTRACK
GHOSTS
HUNGRY HIPPOS
JENGA
JUNTA
KERPLUNK
KINGDOMS
LIFE
MASTERMIND
MEDICI
MONOPOLY
MOUSE TRAP
OPERATION
PARCHEESI

PAY DAY
PERFECTION
PICTIONARY
RAIL BARON
RISK
SAMURAI
SCOTLAND YARD
SCRABBLE
SNAKES AND LADDERS
SORRY

STOCK TICKER
STRATEGO
SUPER QUIZ
TAJ MAHAL
TRIVIAL PURSUIT
TROUBLE
TWISTER

Solution on page 182

Game Shows

BAFFLE

BEAT THE CLOCK

CARD SHARKS

CONCENTRATION

DEAL OR NO DEAL

DOUBLE DARE

FAMILY FEUD

GONG SHOW

GREED

HIGH ROLLERS

HOLLYWOOD SQUARES

JACKPOT

LETS MAKE A DEAL

LINGO

LOVE CONNECTION

MATCH GAME

NAME THAT TUNE

PASSWORD

PRESS YOUR LUCK

PYRAMID

SHOP TILL YOU DROP

SUPERMARKET SWEEP

THE BACHELOR

THE DATING GAME

THE JOKERS WILD

THE NEWLYWED GAME

THE PRICE IS RIGHT

TIC TAC DOUGH

TO TELL THE TRUTH

WEAKEST LINK

WHEEL OF FORTUNE

WIN LOSE OR DRAW

YOU BET YOUR LIFE

```
I R O V G W F A M I L Y F E U D R M I T
F B G V N B M A T C H G A M E A Q U V E
R E N U T T A H T E M A N T O P K C A J
T A I T S U P E R M A R K E T S W E E P
H T L O Z L O V E C O N N E C T I O N E
E T L T W A R D R O E S O L N I W W D L
J H H E D H D E A L O R N O D E A L R A
O E G L E N U T R O F F O L E E H W O E
K C U L R U O Y S S E R P Q F C Q S W D
E L O T K Y Y R O L E H C A B E H T S A
R O D H O L L Y W O O D S Q U A R E S E
S C C E F I L R U O Y T E B U O Y K A K
W K A T H G I R S I E C I R P E H T P A
I P T R I F T H E D A T I N G G A M E M
L Y C U A O P K N I L T S E K A E W U S
D R I T E C O N C E N T R A T I O N K T
E A T H H T H E N E W L Y W E D G A M E
E M M C Z D S R E L L O R H G I H R Q L
R I S K R A H S D R A C W O H S G N O G
G D W K X D O U B L E D A R E L F F A B
```

Solution on page 182

Star Wars

ADMIRAL ACKBAR

ANTHONY DANIELS

BESPIN

BLASTER

BOUNTY HUNTER

CAPTAIN PANAKA

CHANCELLOR VALORUM

CLEIGG LARS

COMMANDER CODY

DAGOBAH

DARK SIDE

EETH KOTH

EWOK

GENERAL GREIVOUS

GOVERNOR TARKIN

INTERCEPTOR

JAKE LLOYD

JEDI

JOEL EDGERTON

KAMINO

KENNY BAKER

LIGHT SABER

LUKE SKYWALKER

MARK HAMMILL

MUSTAFAR

NATALIE PORTMAN

ONACONDA FARR

OWEN LARS

PHIL BROWN

ROYAL STARSHIP

SAMUEL L JACKSON

SEE THREEPIO

SHELAGH FRASER

SIO BIBBLE

SY SNOOTLES

THERMAL DETONATOR

TUSKAN RAIDER

X WING

```
N M A R K H A M M I L L E D I S K R A D
R N J E D I V B O U N T Y H U N T E R S
E I Y D O C R E D N A M M O C R K O W E
B K R I R A F A T S U M V M E I S M S E
A R E A E L B B I B O I S K N A U L J T
S A S R O T A N O T E D L A M R E H T H
T T A N I P S E B R U A M U O I S Z K R
H R R A X W I N G N W T E L N E R X E E
G O F K Q S S L W Y R L A A L E R J N E
I N H S Q I A O K O L V D T T T A O N P
L R G U U R R S P J R Y O S D H F E Y I
H E A T E B E E A O N O A R Y K A L B O
A V L N L K I C L O N L N Q O O D E A W
B O E I U L K L H S B S T Y L T N D K E
O G H L A S E T Y D S V H E L H O G E N
G P S T O C N S R A L G G I E L C E R L
A K A N N A D M I R A L A C K B A R O A
D N C A P T A I N P A N A K A V N T R R
P I H S R A T S L A Y O R J J H O O F S
L C K A M I N O R O T P E C R E T N I O
```

Solution on page 182

The Wonderful World of Disney

```
D P T O E N I A I N S B T H S E K K Y Q
U N C L E S C R O O G E E O R S C M E E
E E V I L Q U E E N S A K X A K U Q P Z
Y S E L U C R E H U T U C S C R D N O C
J U N G L E B O O K I T I E I A D O D P
S O P G A D B M W C N Y R L N P L I O G
K M Q L C M Y A V U K A C B D E A T M H
S Y G I U H L S X D E N Y I E M N A E H
E E R D T T N B O Y R D N D R E O M N A
B K U O T E O O T S B T I E E H D I G Z
A C M S E P W H A I E H M R L T N N N T
S I P Z M Y G U S A L E I C L K A A I I
T M Y U L I X F I D L B J N A K R Z D G
I W L L L O L S Y T H E L I O N K I N G
A A O Z A O A F T S Q A R E H P O G I E
N H Z T U T O I D U T S M H Y N S D F R
J U G N N O L E I R A T G T H U M P E R
B C D A G E V I L S T E P M O T H E R I
G E F T H O X D N A P R E T E P J V Y W
R E T T A H D A M K Y K Q V K E J G Z X
```

ANIMATION

ARIEL

BEAUTY AND THE BEAST

BUZZ LIGHTYEAR

CARS

CINDERELLA

DAISY DUCK

DONALD DUCK

DOPEY

DUEY

DUMBO

EVIL QUEEN

EVIL STEPMOTHER

FANTASIA

FINDING NEMO

FLOUNDER

GOOFY

GOPHER

GRUMPY

GUS

HERCULES

HOLLYWOOD

JIMINY CRICKET

JUNGLE BOOK

KANGA

MAD HATTER

MICKEY MOUSE

MULAN

PETER PAN

PLUTO

SEBASTIAN

SNEEZY

STUDIO

THE INCREDIBLES

THE LION KING

THE LITTLE MERMAID

THEME PARKS

THUMPER

TIGGER

TIMOTHY MOUSE

TINKERBELL

UNCLE SCROOGE

WALT

Solution on page 182

CHAPTER 8: **MUSICAL PUZZLES**

Musical Words

ACCOMPANIMENT

ANDANTE

ARRANGEMENT

BASS

BEAT

CHORD

CLEF

COMPOSITION

CRESCENDO

DUET

FERMATA

FORTE

HARMONY

INSTRUMENTAL

LARGO

MELODY

NOTE

OCTAVE

PRESTO

REST

RHYTHM

RONDO

SCORE

SOUND

TEMPO

TIMBRE

TIME

TONE

TREBLE

VOCAL

```
Y K Y N I I L B E L O C T A V E W H T V
W Y S M R F E T Z S U L R H Y T H M A F
F J K K C F E F P R F E W A G X O A C V
K I A Y H M G M D Z K M Z G O T X R C I
X N Z N P Z L Y A L H I T B U O F R O P
B S V O D C J S M P Y T H B C N H A M N
C T M Q F A H Y P Q A Y O S E E M N P N
L R R E M X N O Z A G Q C U A A R G A O
E U C E L C D T R P I E U G N W T E N T
F M B R D B N I E D R L R T O G T M I E
X E O A G J E P B B D F B S I Z T E M P
W N R D S G L R M B R E Z E T R C N E E
F T N Y N S A I T O K R S R I T C T N F
G A Y I V E T H N P E M O V S Y T A T E
E L K T Y I C D A O P A U L O W G G R M
E P E V N N O S T R T T N A P F Q O E D
Q I Z G Q R B S E H M A D R M U C L A U
K U E B V A E Z Z R U O K G O S O F B E
J O Y N W R M F M C C M N O C D R C J T
W I N S P H N I L A C O V Y Y E T R O F
```

Solution on page 183

Popular Bands

```
C I R Y O A W V C N O O E I D N O L B L
T A E F E L T T I L P T H E E A G L E S
L J M A X C Q V R O L P S D F A E D W Z
D A E D L U F E T A R G I O L L Z R K X
Q C U F O R E I G N E R Q U E E N Y B B
M Q R R F O X E F P T H Q J P Q S E W F
A U Y T H E W H O F K Y L P P U S R I A
Z Z T O P A R T R I D G E F A M I L Y E
U I H S I N X S E Y C L W H R D K O D R
I L M R N D A C O E I F D N D U R G V O
A S I Z P L I L S N L N K G M R A A D S
C S C H A L F R P Y A F C W V A W C P M
I Q S B O K I P E B L I I M X N F I A I
L D A P N G E N E S I S R O O D E H T T
L M E I M P R H D C T A T P K U W C B H
A H P V P U T O W Q F R P A L R V X W L
T S X P O H B L A C K S A B B A T H M N
E U M J U I H R G Y K I E I J N N G E W
M R G J E C Q J O S O V H Q T R E E L O
A V H V J S R U N D M C C S A S N A K J
```

ABBA

AEROSMITH

AIR SUPPLY

ALABAMA

BLACK SABBATH

BLONDIE

BREAD

CHEAP TRICK

CHICAGO

DEF LEPPARD

DEVO

DIRE STRAITS

DURAN DURAN

EURYTHMICS

FLEETWOOD MAC

FOREIGNER

GENESIS

GRATEFUL DEAD

HEART

INXS

JEFFERSON AIRPLANE

JOURNEY

KANSAS

KISS

LED ZEPPELIN

LITTLE FEAT

METALLICA

PARTRIDGE FAMILY

PINK FLOYD

QUEEN

REM

REO SPEEDWAGON

RUN DMC

RUSH

THE BAND

THE DOORS

THE EAGLES

THE POLICE

THE WHO

WHAM

YES

ZZ TOP

Solution on page 183

Musical Instruments

ACCORDION
BAGPIPES
BANJO
BASS
BASSOON
BELLS
BONGO DRUM
BUGLE
CALLIOPE
CASTANETS
CELLO
CHIMES
CLARINET
CONCERTINA
CYMBALS
DULCIMER
ENGLISH HORN
FIFE
FLUGELHORN
FLUTE
FRENCH HORN
GUITAR
HARMONICA
HARP
KAZOO
LYRE

MANDOLIN
ORGAN
PIANO
PICCOLO
SAXOPHONE
SNARE DRUM
SYNTHESIZER
TAMBOURINE
TIMPANI
TROMBONE

TRUMPET
TUBA
UKULELE
VIBRAPHONE
VIOLA
VIOLIN
WHISTLE
XYLOPHONE
ZITHER

```
B B Q U O P T H X V V I O L A P R A H F
O K U O O R V V Y H A R M O N I C A Z V M
X N Z G U J L C A N I T R E C N O C U T
T A A M L O I Y E E N A F Q Z I E R A J
K E P I P E Y M E L Z I D I N P D M N G
T E N H P O M B N L F K T A O E B O N O
T U O I R H U A G E B H P I R O I R S S
V N B N R H L L L S E M L A U D O Y A B
E I F A A A L S I R I L N R R H N X E S
X X B L Q G L A S T A S I O H T O L T S
C M C R U T R C H C W N C C H P L C R A
S A U H A T Z O H X E C N E H S X Q C B
M E S R I P E W O L A E S O V I O L I N
B A P T D M H U R M R I N P I C C O L O
A R N I A O E O N F Z E D U L C I M E R
S B A D P N G S N E F L U G E L H O R N
S A E T O G E N R E E N O B M O R T E J
O N B R I L A T O U K U L E L E F N C D
O J M E Y U I B S B E L T S I H W O D D
N O Z A U L G N P G J X O L L E C F Y I
```

Solution on page 183

Classical Music

ARRANGEMENT

BAND

CHAMBER

CHORAL

COMPOSER

CONCERT

CONCERTO

CONDUCTOR

DRUMS

ENSEMBLE

HARMONY

INSTRUMENTAL

INTERLUDE

MAESTRO

MELODY

MOVEMENT

ORCHESTRA

OVERTURE

PASSAGE

PERCUSSION

PHILHARMONIC

QUARTET

QUINTET

SCORE

SONATA

STRING

SYMPHONY

THEME

VOCAL

WIND

```
R L I P H L K I J T H E F T R B F P O X
E X N A U A O P N O E B D O H F L R A A
R I N R K Q G F S S O T T U K E T Z C P
B O A H C S M U R D T C N C L S M W R E
O N R Y I O P I U I U R H I E R J E P M
L C R E N R V V A D W A U A U P E E F N
A P A Q O D V E N R R T M M V Q R T E P
C Q N U M Q O O R M T W N R E C G Y N K
O K G A R C C S O T F S E E U N E Y V I
V K E R A M H N Y Y U B E S M M T Q P O
G E M T H E Y O U M M R S H E E V A G T
O J E E L Q B R R A P I E L C R V K L R
V R N T I O S D H A O H F L Z R O O L E
G X T L H W R C A N L D O M Q T O C M C
P L F F P R E S O P M O C N T R D T S N
P A S S A G E M E L O D Y F Y E N N P O
H D B W J S T R I N G D M I H C W H A C
Z C I U W P E N S E M B L E A N C S R B
Q N Y Q K Z V S O N A T A O V O P A Q G
D T G B H P X S Z I N K L S V C P N W R
```

Solution on page 183

124

Jazz Musicians

ART BLAKELY

ART TATUM

ARTIE SHAW

BENNY GOODMAN

BILL EVANS

BILLIE HOLIDAY

BRANFORD MARSALIS

CHARLIE PARKER

CHICK COREA

COUNT BASIE

DAVE BRUBECK

DIZZY GILLESPIE

DUKE ELLINGTON

ELLA FITZGERALD

HERBIE HANCOCK

JOHN COLTRANE

KENNY CLARKE

LESTER YOUNG

LIONEL HAMPTON

LOUIS ARMSTRONG

MILES DAVIS

MILT JACKSON

ORNETTE COLEMAN

STAN GETZ

STAN KENTON

THELONIOUS MONK

TOMMY DORSEY

WYNTON MARSALIS

```
K E C D I G X K E I S A K N A A L N T L
P I F T J N H C I D I E C O R R E O O W
U P L R S O N O S L V R E T T T S S M K
D S S S I R O C A A A O B N B I T K M Y
L E E Z L T T N B R D C U E L E E C Y R
I L N Z A S G A T E S K R K A S R A D E
O L A B S M N H N G E C B N K H Y J O K
N I R I R R I E U Z L I E A E A O T R R
E G T L A A L I O T I H V T L W U L S A
L Y L L M S L B C I M C A S Y U N I E P
H Z O I D I E R G F K T D C H R G M Y E
A Z C E R U E E M A B I L L E V A N S I
M I N H O O K H J L M U T A T T R A N L
P D H O F L U D K L S T A N G E T Z D R
T A O L N C D A X E O O V C I A J J F A
O U J I A O R N E T T E C O L E M A N H
N V I D R K N O M S U O I N O L E H T C
R V A A B W Y N T O N M A R S A L I S V
H D E Y B E N N Y G O O D M A N S I L T
T E O P F H O E K E N N Y C L A R K E U
```

Solution on page 183

Country Music

```
Z L W S D P B H A N K W I L L I A M S M
L O P I O Q A G E O R G E S T R A I T E
H R A V L S R R W K D C X Y W L C W F R
D E E A L I B O T P D R C A I A R I T L
Q T T R Y R A S A A U Y H R L R G G H E
G T T P R R A N S J S A R L R F O R H
L A E Y A A A N Y L A T R U I Y Y E E A
E L N D R H M N A I N A L M E G T R N G
N Y Y N T U A E T M N L I E N A T I O G
C N W A O O N C U E O G E N E T I T G A
A N Y R N L D A C I N A D N L L W N A R
M X M G O Y R S K N Y Y A A S I T E W D
P J M L H M E H E N W L N M O N Y C R R
B O A B T M L Q R O Z E I E N X A M E O
E E T M T E L Y H R U F E L B Z W A T Y
L H C I R E I L R A H C L H A H N B R C
L G A R T H B R O O K S S H T S O E O L
O Z S G N I N N E J N O L Y A W C R P A
C H A R L I E P R I D E V E T S C H X R
K T L M A K A O Y T H G I W D M E Q M K
```

ANNE MURRAY

BARBARA MANDRELL

CHARLIE DANIELS

CHARLIE PRIDE

CHARLIE RICH

CONWAY TWITTY

CRYSTAL GAYLE

DOLLY PARTON

DWIGHT YOAKAM

EMMYLOU HARRIS

GARTH BROOKS

GEORGE STRAIT

GLEN CAMPBELL

HANK WILLIAMS

LARRY GATLIN

LORETTA LYNN

MERLE HAGGARD

PORTER WAGONER   WAYLON JENNINGS

RANDY TRAVIS   WILLIE NELSON

REBA MCENTIRE   WYNONNA JUDD

RONNIE MILSAP

ROSANNE CASH

ROY CLARK

TAMMY WYNETTE

TANYA TUCKER

Solution on page 183

Opera

ARIA
BARITONE
BAROQUE
CHORUS
COMPOSER
COMPOSITION
DIVA
DRAMA
DUET
ENCORE
ENSEMBLE
FALSETTO
FINALE
GRANDIOSE
HANDEL
ITALIAN
LIBRETTO
LYRIC
MAESTRO
MONTEVERDI
MUSICAL
OPERA HOUSE
ORCHESTRA
PERGOLESI
PRELUDE
PRIMA DONNA
SCORE

SINGER
SOLO
SOPRANO
STACCATO
STAGE
TENOR
THEATRICAL
VIBRATO
VOCAL

```
O C D I V A J W F M I E O E E E Q A L R
K O Q V I B R A T O O R O N L A I R A E
P M K G T Z T E W L L O E P A A K M M G
E P I N M Q T E A Y A C R J E R N B V N
R O T C M G W C R R P N S A Q M P I F I
G S A N S D I I T P E E L A C O V O F S
O E L B Z S C S U J M S F S T A G E S O
L R I U U X E P C O M P O S I T I O N A
E B A M U H R Z Q O Y E N C G T S K N T
S Z N S C E Y B X Q P F N R H T E N R H
I Q U R L O W B D I J E A O A O O U O E
O K O U L O F M D I F N R C T D R R D A
T X D O X S G R D A D A C A A I T U T T
T E S M Y R E N O I M A L M H S R E S R
E A I K E V U Q O D T A I S E O N A H I
R Z F J E N G S R O N R R A E O U A B C
B L H T V M E K V H P C M D R T N S R A
I Y N J C R N E N S E M B L E D T O E L
L O T B A R O Q U E G I C F E R K O J Q
M N B U M F S G Y C Y H M L E R O C S D
```

Solution on page 183

Song Writers

ALAN JAY LERNER

BURT BACHARACH

CAROL BAYER SAGER

CAROLE KING

COLE PORTER

DAVE STAMPER

FATS WALLER

FREDERICK LOEWE

GEORGE GERSHWIN

HOAGY CARMICHAEL

IRA GERSHWIN

IRVING BERLIN

JOHN LENNON

JOHN STROMBERG

JOHNNY MERCER

LEONARD BERNSTEIN

LORENZ HART

NEIL SEDAKA

OSCAR HAMMERSTEIN

PAUL MCCARTNEY

RICHARD RODGERS

SMOKEY ROBINSON

STEPHEN FOSTER

STEPHEN SONDHEIM

STEVIE WONDER

```
N I L R E B G N I V R I A K D X N N L Q
I B R E P M A T S E V A D N Z Y I A L V
N I W H S R E G A R I J K C W A E O W B
M W G N I K E L O R A C R T B B T S D F
I J O H N S T R O M B E R G R B S A L R
E R E T R O P E L O C R T C T U N L E E
H Q A Y E N T R A C C M L U A P R A A D
D N O N N E L N H O J W O X F O E N H E
N S M O K E Y R O B I N S O N Q B J C R
O V T R A H Z N E R O L F L V M D A I I
S B O U N E I L S E D A K A W Z R Y M C
N F B F R E L L A W S T A F W T A L R K
E C A R O L B A Y E R S A G E R N E A L
H S T E P H E N F O S T E R X C O R C O
P Z R E D N O W E I V E T S L R E N Y E
E J O H N N Y M E R C E R N U Z L E G W
T N I E T S R E M M A H R A C S O R A E
S R T E N I W H S R E G E G R O E G O P
R I C H A R D R O D G E R S E I M J H R
L W T O R I H C A R A H C A B T R U B O
```

Solution on page 183

Play Jazz

BALLAD

BASS

BEAT

BEBOP

BLUES

BOOGIE

BRIDGE

CADENCE

CHANGES

CHOPS

CHORD

CHROMATIC

COOL

DOUBLE TIME

DRUM

FUSION

GROOVE

HARMONIC

HORN

IMPROVISATION

INTERLUDE

JUMP

MELODY

METER

MODULATION

PHRASING

PROGRESSION

RHYTHM

RIFF

SCALE

SOLO

STYLE

SWING

SYNCOPATE

TONE

TUNE

TUNES

```
R O U C H E H E H E U C Q B N L C N L H
F H C F J C E F C N P U H J E Y X V B D
A A Y V W T E N G R J I B R C B N F R H
Y M E T H I E P O I D R N S O O O L I E
E G V Z H D Q G Q O T X G T I M W P D L
O V O J A M R H E N I N C T E L A I G Y
R D O C W E L V I J I H A D D R P T E T
C E R U S L T K R S B S S O A R L M I S
N L G S O O P E A K I B W U L B E U H C
D H I O Z Y R R V V E F I B L O P T D F
L O C Z X L H O O A F N N L A K M H E E
N O X Z D P B R T I O T G E B T U A S M
C V S J K P P L R I B X T T T U J R C O
D H B M I M F G T D K D R I O N N M A L
M C O F I B H A D R O H C M N E M O L O
D E D P L K L N O I S U F E E S D N E S
B H L U S U E T A P O C N Y S R R I S T
U A E O D S E G N A H C D R U M F C G H
X S S O D H O R N A Z O Y B O O G I E U
P N M S N Y B Z F E V C T U N E J H R T
```

Solution on page 184

Musical Genres

```
I A L G P J T Q J P U P X W O M S F R O
S X I M P R O V I S A T I O N L L A W W
I N V Q D E L A W F J L W P A A G B E W
B A R B E R S H O P L J A C J T O D Q C
C O D H Z Z A J A S S A I R I Y D B H E
O K C O R J Z Y H O X S M M O I Z I J U
U B F B G S P J M M U I E E N H L C A Q
N D V A D I G O T M K K B G N D C I K O
T X A A L T E R N A T I V E R C R N S R
R A X N E A G G E R F W P E Z A O O O A
Y R R H C F W Y L Z B X N O P H A R R B
B Y X E G E G H V H J S P R P R G T C V
G K X J P D N A B G N I H C R A M C H T
E B W P E O L A N O S A E S D P T E E N
O S U O I G I L E R C B E I O N S L S E
F G B L U E G R A S S T G H E N E E T I
Q I N H F X V O X C H I P I L K U P R C
A T L A Y I W W F N T I B P C A L Y A N
L U J M T F I P I A H M E Y D N B K L A
S P M K L O F C L Q A C H A M B E R H L
```

ALTERNATIVE

AMBIENT

ANCIENT

BARBERSHOP

BAROQUE

BLUEGRASS

BLUES

CHAMBER

CHILDRENS

CHORAL

COUNTRY

DANCE

DIGITAL

ELECTRONIC

ETHNIC

FILM

FLAMENCO

FOLK

HIP HOP

IMPROVISATION

JAZZ

MARCHING BAND

MUSICALS

OPERA

ORCHESTRAL

POP

RAGTIME

RAP

REGGAE

RELIGIOUS

ROCK

SEASONAL

SKA

TANGO

WEDDING

Solution on page 184

Rocking Around

AEROSMITH

ARETHA FRANKLIN

BASS

BEACH BOYS

BEATLES

BILLY JOEL

BOB DYLAN

BOB MARLEY

BON JOVI

BRENDA LEE

BRITISH INVASION

BRUCE SPRINGSTEEN

BYRDS

CHUCK BERRY

CONCERT

DAVID BOWIE

DRUMS

ELTON JOHN

ERIC CLAPTON

FATS DOMINO

FOUR TOPS

GUITAR

HEAVY METAL

JACKSON FIVE

JAMES BROWN

JAMES TAYLOR

```
I  A  J  S  Y  E  L  R  A  M  B  O  B  D  Y  L  A  N  Z  A
V  E  O  N  I  M  O  D  S  T  A  F  O  U  R  T  O  P  S  S
O  R  H  W  O  W  U  Q  L  E  D  Z  E  P  P  E  L  I  N  I
J  O  N  O  D  R  E  D  N  O  W  E  I  V  E  T  S  O  P  M
N  S  L  R  Y  Y  E  L  D  A  V  I  D  B  O  W  I  E  H  O
O  M  E  B  B  R  U  C  E  S  P  R  I  N  G  S  T  E  E  N
B  I  N  S  E  R  A  T  R  E  C  N  O  C  A  H  E  V  A  A
D  T  N  E  A  E  I  R  M  E  L  N  O  V  E  E  E  I  V  N
Y  H  O  M  C  B  J  L  E  O  O  Y  N  G  J  L  L  F  Y  D
O  R  N  A  H  K  S  K  I  T  T  I  R  B  A  T  A  N  M  G
L  A  K  J  B  C  I  O  P  J  H  A  E  R  M  O  D  O  E  A
F  Y  S  M  O  U  U  A  O  S  T  A  A  H  E  N  N  S  T  R
K  C  I  H  Y  H  L  H  I  E  T  T  F  G  S  J  E  K  A  F
N  H  N  P  S  C  N  T  F  L  I  N  A  R  T  O  R  C  L  U
I  A  G  B  C  N  I  U  E  U  I  T  N  B  A  H  B  A  M  N
P  R  E  I  Y  R  L  S  G  S  S  A  B  D  Y  N  E  J  Z  K
U  L  R  C  B  D  B  I  L  L  Y  J  O  E  L  R  K  W  Q  E
N  E  A  S  E  N  O  T  S  G  N  I  L  L  O  R  D  L  H  L
K  S  D  A  E  H  G  N  I  K  L  A  T  D  R  U  M  S  I  O
H  B  D  H  Q  O  S  M  O  K  E  Y  R  O  B  I  N  S  O  N
```

JERRY LEE LEWIS	SMOKEY ROBINSON
JOHN LENNON	STAGE
JOHNNY CASH	STEVIE WONDER
LED ZEPPELIN	TALKING HEADS
PINK FLOYD	THE GRATEFUL DEAD
PUNK	THE WHO
RAY CHARLES	
ROLLING STONES	
SIMON AND GARFUNKEL	
SINGER	

Solution on page 184

Music Composers

```
L K Z R S L I S Z T D E B U S S Y N H H
T A S U I L E B I S S U A R T S H C I S
Z R C K V I V A L D I T T A L R A C S C
J O H N P H I L I P S O U S A B V D E H
D V U T I B S H O S T A K O V I C H L U
A D M B I P I R A C H M A N I N O V O B
V Y A B R M O Z S O A X P R N Q H T G E
I N N E D A S H E T D Q U E O B A L R R
D N N I P U H D C T Y X C L T U E T E T
L E D N A H F M L J N S C H G N B G P C
A M E N D E L S S O H N I A N E X R Z H
N I E T S N R E B P G E N M I T B E B A
Z O I L R E B G D L J Y I B L T R B E I
B O C C H E R I N I X L R A L I U N E K
I Y E P E L G A R N L N N R E R C E T O
D P R E N R O H S E M A J B E B K O H V
R Y K S N I V A R T S O L E K J N H O S
E I Y C A K Q B W A G N E R U W E C V K
V N D U M O Z A R T O M M Y D O R S E Y
W L G Y S E G R I E G N V C O P L A N D
```

BACH
BARBER
BEETHOVEN
BERLIOZ
BERNSTEIN
BIZET
BOCCHERINI
BRAHMS
BRITTEN
BRUCKNER
CHOPIN
COPLAND
DAVID LANZ
DEBUSSY
DUKE ELLINGTON
DVORAK
ELGAR

GLENN MILLER
GRIEG
HADYN
HANDEL
JAMES HORNER
JERRY GOLDSMITH
JOHN PHILIP SOUSA
LISZT
MAHLER
MENDELSSOHN

MOZART
PERGOLESI
PUCCINI
RACHMANINOV
SCARLATTI
SCHOENBERG
SCHUBERT
SCHUMANN
SCOTT JOPLIN
SHOSTAKOVICH

SIBELIUS
STRAUSS
STRAVINSKY
TCHAIKOVSKY
TOMMY DORSEY
VERDI
VIVALDI
WAGNER

Solution on page 184

Philharmonic

ARRANGEMENT

BAND

BASS DRUM

BASSOONS

BATON

BONGO

BRASS

CELESTA

CELLOS

CHAMBER

CLARINET

COMPOSER

CONCERTO

CONDUCTOR

CYMBALS

DOUBLE BASS

ENGLISH HORN

FLUGELHORN

FLUTE

FRENCH HORN

GLOCKENSPIEL

HARMONY

HARP

INSTRUMENTS

MAESTRO

MOUTHPIECE

MOVEMENT

OBOE

ORGAN

QUARTET

SCORE

SOLO

SONATA

STRINGS

THEME

TIMPANI

TRIANGLE

TROMBONE

TRUMPET

TUBA

VOCAL

XYLOPHONE

```
L Z S P K B K Q I C Q Z P N U D A M K M
I D K H I N A P M I T E P M U R T B X V
P T A Q I R A T O U H L Q M U S F D U S
J R A E N O H P O L Y X S T R I N G S T
P O L V Y H D S F N R U M L N R V Z E C
B M A D N L E I P S N E K C O L G T O T
M B F O O E Z T F R E N C H H O R N E S
C O I R M G G N G W A K H J O A C B R N
I N S T R U M E N T S S W R U E A A E I
F E W S A L S M S Z I S G Q R N F S S A
V S B E H F O E R L W A I T D B U S O I
T O H A H W L G G W N B O N G O T O P F
R N C M S E O N Q E C E I P H T U O M R
I A E A C S E A S O L L E C W S H N O W
A T H M L J D R Y R E B M A H C S S C O
N A E T E N I R A L C U A G B E V A B H
G T J R C V U A U S C O N D U C T O R U
L I I C O V O F U M P D I I S I E U S B
E M E H T C Y M B A L S B G W G Y K L J
L M U S G W S U W G H T A D P O D R Y F
```

Solution on page 184

Music and Words

```
V P E Y F D Z U S Q Y L S V O C A L R F
H L U K D G U D O C D P B E T U D E P N
J C Q T T N J Y N A O L B Q S W N V G Y
E E W E G S U Z V E L F N A E U M M M Y
Y Y R T W C S O L V E N C O R E Y H D R
X Q I R K E U A S A M M O R P O H P I H
N T T O A N R H B T S T E Q O Z Q P G T
I M E F N G A U L C C T J X F D G U E Q
I Z U M O R T T T O S P A N D A N T E D
Y W D V P J T I U A D Y Z F B O N Y S S
R W A N M O O N M R N T Z S I I Q C S N
E S F H F G T T T E A G F T U N I A A M
L Z U C B R R R R E S L I Q N R R P O O
V E N Z Y E E O B U A S D S Y G O V U W
Q F I S C B C B D T O E V L E P E H V K
L E S N L S N P M P W U U U O M T O C I
H L O E U O L Z M A Z L L G E G I J E B
Y C N Y F F W O K R H B D N U C E T O N
O Y D R O T C U D N O C T I E F T O O O
H I H D O U K G O B P G N C H L C E Z B
```

ANDANTE

BAROQUE

BASS

BEAT

BLUEGRASS

BLUES

CHAMBER

CHORUS

CLEF

COMPOSITION

CONCERT MASTER

CONDUCTOR

COUNTRY

DUET

ENCORE

ETUDE

FLAT

FORTE

FUGUE

HIP HOP

HYMN

JAZZ

LARGO

LYRICS

MELODY

MOVEMENT

NATURAL

NOTE

OCTAVE

POP

PRESTO

QUINTET

RAGTIME

RAP

SCORE

SHARP

SOUND

TEMPO

TIME SIGNATURE

TREBLE

UNISON

VOCAL

VOICE

Solution on page 184

Let's Dance

BALLROOM

BELLY

BOSSA NOVA

BREAKDANCE

BUNNY HOP

CANCAN

CHA CHA

CHARLESTON

CLOGGING

CONGA

DISCO

FANDANGO

FLAMENCO

FOXTROT

HIP HOP

HOKEY POKEY

HULA

JITTERBUG

JIVE

LIMBO

LINDY

MAMBO

MERENGUE

MINUET

PASO DOBLE

POLKA

QUICKSTEP

REEL

RUMBA

SALSA

SAMBA

SHIMMY

SHUFFLE

SQUARE

SWING

TANGO

TAP

TEXAS TWO STEP

TWIST

WALTZ

WATUSI

```
W S O X D O M W O V Y H I F O X T R O T
F V F Z Q W A I Z G O U F R M V K C C S
P Z H O A N K Q Z K N S A M B A N X S I
L V Y P J L L A E C N A D K A E R B I W
I N V A O N O Y Q E Q R T T M L L Y D T
A B R O V H P N V G R S S A F P M L Q W
A E O F B O Y W F O V N L O A G M N Y T
Q S O F K M N N Z M O F X T N H O A H E
J I V E M Q I A N T E G N I D F C C I X
D P Y I N M S L S U L Y G M A M O N P A
B M H P I O M E I S B G R I N D N A H S
Z S Z D X O L Q M N O J E N G R G C O T
J I T T E R B U G L D B C U O U A K P W
V A O E A L E X C W O Y G E G H F M V O
I J S H R L S E A A S O D T C N D D I S
C P C L F A Y T L L A B M U R S E A X T
X Q D F A B U N F T P T H A W O Y R Y E
E R U L P S A Q U Z M Q U I C K S T E P
G H U B I J S D S H O Y N H V O B M A M
S H W N A D Q T Y M P G O S K B E A P Z
```

Solution on page 184

CHAPTER 9: **STORY TIME**

Written Words

```
P E V R E T I R W T S O H G E O R X T A
G O U T L I N E G A U G N A L E T S R P
S M E J L W F T O L P V P V T O I T W A
B S F T O Y O I O S U B M I S S I O N E
S K S M R U R R A M M A R G E C R S G S
A O R B L Y R W D N X W U H L K S T P O
K O N A I N O N X P T E T E S R T Y C R
F B T N N O Q E A P R H S H E T N L D P
E O H V E I G E I L D O O T A O E E R E
D X G H W T K R R E D P C L V N G G A N
N X I Z S I C C A N U A Y E O T A U M C
D T R N L S A S T P R Q L M S G E I A I
Q P W O E O H A W A H P I E E S I D T L
W H Y I T P M J H E U Y V T S M O E I Y
J L A T T M E C N E I D U A I B O R S R
D S L C E O Y A V C I V Y J C R H I T I
X T P I R C S U N A M I E L R K C V R C
Q O F F U S A E D I A R Y R E T S Y M S
W R K H K C P Z X F A Y U V X W E V U Y
C Y P U B L I S H C R A E S E R U U L V
```

AGENTS

ANTHOLOGIES

ARTICLES

AUDIENCE

BIOGRAPHY

BOOKS

CHARACTERS

COMPOSITION

CRITIQUE

DIARY

DRAMATIST

ESSAY

EXERCISES

FICTION

FORM

GHOSTWRITER

GRAMMAR

HACK

IDEAS

JOURNAL

LANGUAGE

LYRICS

MANUSCRIPT

MEMOIRS

MYSTERY

NEWSLETTER

NOVEL

OUTLINE

PENCIL

PLAYWRIGHT

PLOT

POETRY

PROSE

PUBLISH

RESEARCH

REVIEW

SCREENWRITER

SCRIPTWRITER

SONNET

STORY

STYLE GUIDE

SUBMISSION

THESIS

WORD PROCESSOR

WORKSHOP

Solution on page 185

Classics

A CHRISTMAS CAROL

A MOVEABLE FEAST

A PASSAGE TO INDIA

A ROOM OF ONES OWN

A TALE OF TWO CITIES

ANNA KARENINA

AS I LAY DYING

CANNERY ROW

CATCHER IN THE RYE

DEATH OF A SALESMAN

DON QUIXOTE

EAST OF EDEN

EMMA

FAREWELL TO ARMS

HAMLET

LOLITA

OF MICE AND MEN

OLD MAN AND THE SEA

PRIDE AND PREJUDICE

SUN ALSO RISES

THE GRAPES OF WRATH

THE GREAT GATSBY

THE PEARL

THE SCARLET LETTER

VANITY FAIR

WAITING FOR GODOT

WALDEN

```
M T E C I D U J E R P D N A E D I R P R
G F S I O W N X Z W N S T A S P R T Y E
G Y E A F F L E O L U E R L A Q H S W T
S P S B E K M R D N O O D I E E T A A T
K M N E J F Y I A E O L D L G I H E I E
A E R C I R E L C M F N I R A A E S T L
I N H A E T S L O E I O A T S W G E I T
V M I N O O I F B O A P T I A D R H N E
B A N N R T O C T A E N L S O H E T G L
T A N I E N L E O S E A D N A L A D F R
C E S I E R G L O W Y V Q M R E T N O A
Q E L S T A A F E D T U O A E G G A R C
S D O M S Y W K Y W I F E M U N A N G S
E W D S A R F I A X E P O K A X T A O E
N M A Z A H N A O N E R A E S O S M D H
O P M T G G V T I H N P A C L L B D O T
A Z H A O P E G T R O A W F R A Y L T F
B E Y R E H T N I R E H C T A C T O Y H
V A C H R I S T M A S C A R O L E A T P
U H B D E A T H O F A S A L E S M A N O
```

Solution on page 185

Harry Potter

ALOHOMORA

ANIMAGUS

BUTTERBEER

DAILY PROPHET

DEATHLY HALLOWS

DOBBY

DUDLEY

DUMBLEDORE

FANTASY

FAT FRIAR

FILCH

FORBIDDEN FOREST

GOBLET OF FIRE

GOLDEN SNITCH

GOYLE

GRANGERS

HARRY POTTER

HOGWARTS

J K ROWLING

JAMES POTTER

KNOCKTURN ALLEY

LILY POTTER

MAGIC WAND

MCGONAGALL

MUDBLOOD

MUGGLES ·

NIMBUS

OWLS

PEEVES

PEPPER IMPS

PHILOSOPHERS STONE

PRISONER OF AZKABAN

QUIDDITCH

RAVENCLAW

RIPPER

SCABBERS

SCHOOL

SEEKER

SLYTHERIN

SNAPE

SPELLS

SPROUT

WINKY

WITCHCRAFT

WIZARDRY

```
A V F P S E L G G U M U D B L O O D J H
Y P H I L O S O P H E R S S T O N E C A
R V R H O G W A R T S U G A M I N A D R
I J N I C L C G G P E G Y L S T T T U R
P B I M S T E O T N O B Z I P J U H M Y
P U R Y C O I L D B B P E L M K O L B P
E T E S H G N D L O X R L Y I R R Y L O
R T H A C Y O E D A I L Y P R O P H E T
E E T T L Z T N R I S X O O E W S A D T
T R Y N I O A S A O U L G T P L Y L O E
T B L A F W I N N G F Q L T P I E L R R
O E S F C N Y I B A A A U E E N L O E A
P E I I V J N T L L P L Z R P G D W E V
S R G L O O H C S Q C E L K R S U S H E
E A T F A R C H C T I W I Z A R D R Y N
M A Z U T S E R O F N E D D I B R O F C
A L O H O M O R A H F A T F R I A R T L
J W I N K Y E L L A N R U T K C O N K A
U E L G R A N G E R S C A B B E R S P W
P E E V E S U B M I N S E E K E R E B R
```

Solution on page 185

Greek Gods

AEOLUS

AETHER

APHRODITE

APOLLO

ARES

ARTEMIS

ATHENA

BOREAS

DEMETER

DIONYSUS

EOS

ERINYES

ERIS

EROS

EURUS

HADES

HEBE

HECATE

HEPHAESTUS

HERA

HERCULES

HERMES

HESPERA

HESTIA

HYGEIA

HYPNOS

IRIS

MORPHEUS

MORS

NEMESIS

NIKE

NOTUS

PAN

PERSEPHONE

POSEIDON

ZEPHYR

ZEUS

```
G E V J S O E H O Y L C P Q N I K E S B
W T S N P T Q W B N J D Q B N Q Y P T U
G I S E Y S S N M D W N A H I G E R K X
P M C Q R S B I V U C P S U S Y N O I D
T V P R U A C S C M H M T A R E H P B A
B S G L E V Q S N R S E D A H Q O Y R K
A E Y U T T E A O S U E Z R Y S E N A P
R H N T H M E D P S U V G S E A T I S W
K E C Q R E I M U T Z C I I I K A H U V
A I R E S T S E E S H M D J N Q C W L H
Z I H I E U H T J D E O F X Y N E T O E
Z U E S N P T S I T N S U R U E H E E S
X E O G R Y I S R A S E L U C R E H A P
A R P O Y S E A E E N O H P E S R E P E
E Z M H E H H S R A O L L O P A A T S R
L Y T M Y Y R E H S H S I R E V T B U A
T C E L P R H E Z O I P F E Q A H R T S
Q N R N M T B L C K K R E H G V E W O R
A S O O E E M F E K K U I H Q A N Q N O
W S P A X D G S S A E R O B X V A G I M
```

Solution on page 185

Aye Matey!

ATTACK

BATTLE

BLACKBEARD

BRIGAND

CAPTAIN

CELEBRATION

CREW

DEATH

DIAMOND

FIERCE

FIGHTER

GOLD

INTERNATIONAL LAW

LOOT

MONSTER

MURDER

MUSKET

MUTINY

NASTY

PARROT

PEG LEG

PETER PAN

POOP DECK

RAIDERS

REBELLIOUS

RIFLE

ROBBERY

ROPE

SCURVY

SEIZURE

SHOOT

SINK

SKULL

STRONG

THIEF

TIMER

TOOTHY

TREASURE

UNFRIENDLY

VESSELS

WALK THE PLANK

WHISKEY

WIND

WOOD

```
U U G Y N I T U M U S K E T G Q K T G S
I N H O Q E D U H G C K H L S F B D L A
N T F O K N P E T E R P A N T P M E D Q
T P H R S U O I L L E B E R E T S N O M
E G N F I D F E F V Y F M G V S A J O X
R T G I O E B D I L V K L A E Y W B W P
N Q L G V R N G R A N E W V I H D Q O O
A K Z H A D E D T A G B T D I A M O N D
T G X T G E C P L H E E R S E E P P E U
I T I E N A R P O Y I B K Z C D R R L C
O O Z R O T E X C R M E K E E R U A F R
N R W D R H D V T E Y T F C B S T I I W
A R S J T B R T O B H J K O A T V D R Y
L A D K S G U O O B O B Y E A L R E F W
L P L B U O M O H O C Y R C R K B R I Y
A A X B Y L I L S R T T K I S U R S E V
W Z S Y N D L E E S I H T Q G P Z K R R
X Y W Y D N I W A M K P Y Q E A N I C U
V C J T B K D N E J C A P T A I N L E C
N T Y L O I Z R A K A A T M S R E D P S
```

Solution on page 185

Authors

ASIMOV

AUSTEN

CHANDLER

CHAUCER

CHEKHOV

CLANCY

CONRAD

DICKENS

DOSTOYEVSKY

FAULKNER

GOETHE

HEMINGWAY

HILLERMAN

HOMER

IBSEN

JOYCE

KAFKA

MANN

MELVILLE

ORWELL

POE

PROUST

RUSHDIE

SHAKESPEARE

SOPHOCLES

SPILLANE

SWIFT

TOLSTOY

TWAIN

VIRGIL

WHITMAN

WOOLF

```
W A G V O H K E H C M J O V H H M O I D
G Y T F Q G N Y K S V E Y O T S O D L U
T G I H Z G G P K T S O A L O T M M O O
J W D Q U I H L X H L M Z Z B B B K P W S
E O A J S T P F A Z W W A Q V B D V O R
P Q Y I O A P K K C W Y A Z C X M P R E
M P R C N J E Q E V D J Z E K L H E D N
Q J Z T E S H I L L E R M A N O C I P K
I N L E P E F O G F Q L N N C U C N O L
P K R E N L L T J R W W Z L A K Y A E U
T J A E O N P L U H K V E H E D C M E A
C R S O E R L S I A E S C N G A N T S F
E B W T O N H L S V S M S P O R A I P T
I O S U N D L H E W L I I M W N L H I O
H U S A I I I O U W I E M N Q O C W L L
A T M E A A G M N P R F M O G C R B L S
B M Y N O K R E J Q R O T M V W J F A T
L H I O S D I R G B E H T E O G A V N O
V U M C P G V D P N K H G J I Q E Y E Y
R P P T R R U R E L D N A H C A K F A K
```

Solution on page 185

Public Library

```
D M C H A I R S H E L V E S M Y W O S N
O U P E L R G P A T R O N R X E J F E K
V I D E O S T A C K S E P A T Y D F A V
P S L A C I D O I R E P Y R O T S I H U
J K L I B R A R Y C A R D M U Q M C A B
O C A D R Y C A R D C A T A L O G E I Q
U A D E S K S W Y H P A R G O I L B I B
R B W P E G N I T A L U C R I C D C R G
N R N O I T C I F E C N E I C S O E S N
A E X L J E I W O L A C L U O L F D R Y
L P C C D I C T I O N A R Y L E S U E H
S A H Y Y U T T C E F O R E R S T E T P
T P E C T Q E G R A P T C E J E U D U A
I R C N R R T E N R E T N I R V D A P R
B E K E A B F T I O I C W K E I Y T M G
I C O T L N A N P O E H O P A H A E O O
H O U L O S T A N D F O U N D C R W C I
X R T C Y S Z D E D B S E N K R E L C B
E D U E N E W S L E T T E R S A A M V M
  I S S R P F K D E V R E S E R B H Q B K
```

ARCHIVES

ART

BIBLIOGRAPHY

BIOGRAPHY

BOOK RETURN

CARD CATALOG

CHAIRS

CHECK OUT

CIRCULATING

CLERK

COLLECTION

COMPUTERS

CONFERENCE ROOM

DESKS

DICTIONARY

DUE DATE

ENCYCLOPEDIA

EXHIBITS

FANTASY

HISTORY

INTERNET

JOURNALS

LIBRARY CARD

LITERATURE

LOST AND FOUND

MEDIA

NEWSLETTERS

OFFICE

PAPERBACKS

PATRON

PERIODICALS

POETRY

PRINTS

QUIET

READ

RECORDS

REFERENCE DESK

RESERVED

SCIENCE FICTION

SHELVES

STACKS

STUDY AREA

TAPES

VIDEOS

Solution on page 185

Fairy Tales

ARABIAN NIGHTS

BEAUTY AND THE BEAST

BLUEBEARD

BROTHERS GRIMM

CINDERELLA

FABLE

FICTION

FROG KING

HAPPY PRINCE

L FRANK BAUM

LEGEND

LION AND THE MOUSE

LITTLE MERMAID

NATHANIEL HAWTHORNE

OSCAR WILDE

PHOENIX BIRD

PIED PIPER

PRINCESS AND THE PEA

PUSS IN BOOTS

RAPUNZEL

RED RIDING HOOD

RUMPELSTILTSKIN

SLEEPING BEAUTY

SNOW WHITE

STORY

UGLY DUCKLING

WIZARD OF OZ

```
L E Z Y M I F N P E A D B K S D W A E E
E H G P E Y O I D L R F R T U I I E N L
Z Z W D F I E L L A D E H G E A Z P R B
N H Z W T D I E E R D G L F T M A E O A
U Q K C P W R B I R I Y D R I R R H H F
P E I I R E E B I N D N Y O H E D T T M
A F P A D U X D N U E I R G W M O D W M
R E C N L I I A C G U V O K W E F N A I
R S I B N N I K E T M B T I O L O A H R
O C I E G B L L E T U H S N N T Z S L G
F N O H A I C I Z M D L R G S T P S E S
B H O R N M U A B K N A R F L I Q E I R
P O A G H T G Z X W S Q S Q S L V C N E
D L I O N A N D T H E M O U S E B N A H
K A N I K S T L I T S L E P M U R I H T
N M P O Q R P U S S I N B O O T S R T O
B E A U T Y A N D T H E B E A S T P A R
G V K O S L E E P I N G B E A U T Y N B
S Z H A P P Y P R I N C E Z R N X S P X
A K O A S R F U E D L A N R D N H Y L Q
```

Solution on page 185

Famous Poets

ALFRED LORD TENNYSON

ARCHIBALD MACLEISH

BERTHOLD BRECHT

CONRAD AIKEN

DANTE ALIGHIERI

DH LAWRENCE

DYLAN THOMAS

EDGAR ALLAN POE

EE CUMMINGS

EMILY DICKINSON

GEOFFREY CHAUCER

GREENLEAF WHITTIER

GWENDOLYN BROOKS

HART CRANE

HENRIK IBSEN

HERMANN HESSE

HOMER

HORACE

JOHN MILTON

LANGSTON HUGHES

LORD BYRON

MAYA ANGELOU

OVID

RALPH WALDO EMERSON

ROBERT PENN WARREN

RUDYARD KIPLING

SHELLY

SIR WALTER SCOTT

THEOCRITUS

VICTOR HUGO

WILLIAM BUTLER YEATS

```
L A N G S T O N H U G H E S O D D R T E
G U E D N H G N A O E N E D K Y Y O A M
N W K A B E U O R L O O C H D L S B L I
I G I N J O H S T E F R U L H A H E F L
L Z A T E C R R C G F Y M A N N E R R Y
P T D E J R O E R N R B M W E T R T E D
I T A A O I T M A A E D I R S H M P D I
K O R L H T C E N A Y R N E B O A E L C
D C N I N U I O E Y C O G N I M N N O K
R S O G M S V D K A H L S C K A N N R E
A R C H I B A L D M A C L E I S H W D N
Y E W I L L I A M B U T L E R Y E A T S
D T L E T K K W D T C Y N W N F S R E O
U L C R O Z K H S H E L L Y E R S R N N
R A I I N F E P H O R A C E H R E E N Z
L W E O P N A L L A R A G D E R E N Y Q
G R E E N L E A F W H I T T I E R M S P
I I E S K O O R B N Y L O D N E W G O R
Q S N B E R T H O L D B R E C H T O N H
Q A N O S N I K C I D Y L I M E D I V O
```

Solution on page 186

Novels

A CLOCKWORK ORANGE

A FAREWELL TO ARMS

A PASSAGE TO INDIA

A ROOM WITH A VIEW

ANIMAL FARM

AS I LAY DYING

BATTLEFIELD EARTH

BRAVE NEW WORLD

DUNE

HEART OF DARKNESS

HOWARDS END

I CLAUDIUS

INVISIBLE MAN

LOLITA

LORD JIM

LORD OF THE FLIES

LOVING

OF HUMAN BONDAGE

ON THE ROAD

PALE FIRE

RAGTIME

SHANE

TENDER IS THE NIGHT

THE GINGER MAN

THE GOOD SOLDIER

THE GRAPES OF WRATH

THE MAGUS

THE MALTESE FALCON

THE SUN ALSO RISES

UNDER THE VOLCANO

WOMEN IN LOVE

```
H P S E S I R O S L A N U S E H T O B V
O E V T I G L I S M H D N U L I B N A Y
F R A Q H O N U C O I A F O J T R A T A
H N Y R L E G I W L M J R J E X A C T I
U K A I T A G A Y E A D D N U E V L L D
M M T M M O R R L D O U D R V C E O E N
A A R E R D F B A F Y E D O O O N V F I
N E H A S E I D T P R A L I N L E E I O
B T R E F S G H A I E N L T U R W H E T
O G N I I L E N S R I S H I A S W T L E
N D N V F F A T I N K E O G S S O R D G
D A N I L E H M E G R N T F H A R E E A
A I I I V E L M I O E I E A W I L D A S
G J E E N O O A A N M H N S F R D N R S
E S N I R W L D P E A E T P S E A U T A
A U G W E I V A H T I W M O O R A T H P
D H E G N A R O K R O W K C O L C A H A
T L L R S M R A O T L L E W E R A F A G
R Q N O C L A F E S E T L A M E H T A M
P R E I D L O S D O O G E H T E M W D U
```

Solution on page 186

Children's Books

BAMBI

CADDIE WOODLAWN

CURIOUS GEORGE

DOCTOR DOLITTLE

DOMINIC

GOODNIGHT MOON

GREEN EGGS AND HAM

HARRIET THE SPY

HARRY POTTER

HATCHET

HENRY HUGGINS

HOLES

JOHNNY TREMAIN

MARY POPPINS

PETER PAN

SKELLIG

SOUNDER

THE BIRCHBARK HOUSE

THE CAT IN THE HAT

THE GIVING TREE

THE GOLDEN COMPASS

THE LITTLE PRINCE

THE MOFFATS

THE POLAR EXPRESS

THE SECRET GARDEN

UNDERSTOOD BETSY

WIZARD OF OZ

A WRINKLE IN TIME

```
N E G Q E L T T I L O D R O T C O D Y T
Z S S R B T C R Z O F O D R A Z I W P C
C A N U E A H U E P T G I L L E K S S M
S A P I O E W E R T E E B T L G E E E D
N S D N A H N R C I T T H A X X R K H T
I F O D O M K E I A O O E C M J O J T H
P D K U I O E R G N T U P R T B M L T E
P S O E N E M R A G K I S Y P A I J E L
O J E M B D W T T B S L N G R A H M I I
P S A L I I E O H Y H A E T E R N Q R T
Y P C S O N B R O G N C N I H O A G R T
R B I J T H I K A D I N R D N E R H A L
A X Y L R K S C K I L N H I H T H G H E
M S T A F F O M E H T A D O B A I A E P
S N I G G U H Y R N E H W O J E M M T R
T H E G I V I N G T R E E N O P H T E I
S S E R P X E R A L O P E H T G O T R N
O Q S S A P M O C N E D L O G E H T M C
O F V X T H E S E C R E T G A R D E N E
Y H W O Y S T E B D O O T S R E D N U N
```

Solution on page 186

Wonderful Writers

```
U H O L M E S H A K E S P E A R E K G U
R C O N R A D L A R E G Z T I F L O O W
M U Y L T O L S T O Y Q R E L D N A H C
C H E K H O V E S D O S T O Y E V S K Y
H U E L L I V L E M C S W I F T C L N N
A K F A K U F N L N O S N I K C I D N W
U B S Q R G B A L Z A C R E N K L U A F
C S Y N H E E Q I M K E D C W C Y Y M W
E T T I I N T R O L I G R I V K T H H M
R E S O L R P H T N A M T I H W T L A W
U P O S L O T H O R N T O N W I L D E R
S H R E E H W S A M U E L C L E M E N S
H E F L R T O L S A N D B U R G V L E N
D N T C M W L E W O L L E F G N O L T E
I C R O A L K H E M E R S O N X E S K
E R E H N H E K C E B N I E T S I W U C
I A B P O Z B S E M A J Y R N E H R A I
W N O O A M X P R O U S T D E Q I O Q D
N E R S N N E S B I E E C U M M I N G S
W R S Q I Q L R U V K L P X K X N N X F
```

AUSTEN

BALZAC

BELLOW

CHANDLER

CHAUCER

CHEKHOV

CONRAD

DICKENS

DICKINSON

DOSTOYEVSKY

EDGAR ALLAN POE

EE CUMMINGS

EMERSON

FAULKNER

FITZGERALD

GERTRUDE STEIN

HAWTHORNE

HENRY JAMES

HILLERMAN

HOLMES

HOMER

IBSEN

KAFKA

LONGFELLOW

MANN

MELVILLE

ORWELL

PROUST

ROBERT FROST

RUSHDIE

SAMUEL CLEMENS

SANDBURG

SHAKESPEARE

SOPHOCLES

STEINBECK

STEPHEN CRANE

SWIFT

THOMAS WOLFE

THORNTON WILDER

TOLSTOY

VIRGIL

WALT WHITMAN

WOOLF

Solution on page 186

Science Fiction

ALDOUS HUXLEY

ARTHUR C CLARKE

BRAVE NEW WORLD

CAPTAIN KIRK

CATS CRADLE

DARTH VADER

DOUGLAS ADAMS

DUNE

FANTASY

FRANK HERBERT

FRANKENSTEIN

FREDERIK POHL

GEORGE ORWELL

HARRY POTTER

IMAGINATION

ISAAC ASIMOV

JULES VERNE

KURT VONNEGUT

MARTIAN CHRONICLES

NEUROMANCER

RAY BRADBURY

SCIFI

SNOW CRASH

SPACE

STAR TREK

STAR WARS

STARGATE

THE TIME MACHINE

URSULA LEGUIN

WAR OF THE WORLDS

WILLIAM GIBSON

```
K E M F D G G T U G E N N O V T R U K X
E T S A A R E T T O P Y R R A H Y U F B
R A S N R X A R T H U R C C L A R K E Z
T G T T T K D L R O W W E N E V A R B B
R R A A H M L L L E W R O E G R O E G T
A A R S V M P I S A A C A S I M O V V H
T T W Y A I M A G I N A T I O N N J A E
S S A M D W A R O F T H E W O R L D S T
X S R I E E N R E V S E L U J Z D A S I
O A S G R S N O W C R A S H G T C L M M
S E L C I N O R H C N A I T R A M D A E
D V F R A N K H E R B E R T X X N O D M
U W F B F R E D E R I K P O H L M U A A
N V U R S U L A L E G U I N O O U S S C
E N I E T S N E K N A R F F N F H H A H
R A Y B R A D B U R Y S C I F I O U L I
N E U R O M A N C E R E C A P S J X G N
P K V I W I L L I A M G I B S O N L U E
X E P K K W C A P T A I N K I R K E O B
K M T O A E L D A R C S T A C K K Y D W
```

Solution on page 186

Books

A MOVEABLE FEAST

A PASSAGE TO INDIA

A ROOM OF ONES OWN

A TALE OF TWO CITIES

A WRINKLE IN TIME

CANNERY ROW

CATCHER IN THE RYE

CURIOUS GEORGE

DA VINCI CODE

EMMA

GONE WITH THE WIND

GREEN EGGS AND HAM

HAMLET

HARRY POTTER

LOLITA

LORD OF THE RINGS

PILGRIMS PROGRESS

PRIDE AND PREJUDICE

SOUNDER

THE BIBLE

THE GIVING TREE

THE GREAT GATSBY

THE JUNGLE

THE LITTLE PRINCE

THE SCARLET LETTER

THINK AND GROW RICH

VALLEY OF THE DOLLS

WALDEN

WIZARD OF OZ

YOUR ERRONEOUS ZONES

```
O N P I L G R I M S P R O G R E S S J T
R T H E G R E A T G A T S B Y G E S E B
E G R O E G S U O I R U C R R I E L A E
T H E G I V I N G T R E E E T C M L P E
T R E T T O P Y R R A H E I I A W O A C
E L G N U J E H T T T N C D H I W D S N
L Y O U R E R R O N E O U S Z O N E S I
T H E B I B L E I G W J O A R Z W H A R
E U F I B I O R G T E U R Y T S O T G P
L O L I T A E S F R N D R P J B S F E E
R Y F R O H A O P D O E C D R N E O T L
A O R Q C N E D E F N M D H Q R N Y O T
C A H T D L N R O N Q M W L M C O E I T
S P A H A A X Z A D P A M C A S F L N I
E C A T E D O C I C N I V A D W O L D L
H M A D T S A E F E L B A E V O M A I E
T H I N K A N D G R O W R I C H O V A H
U R I D N I W E H T H T I W E N O G T T
P S V S O E M I T N I E L K N I R W A Y
K D L O R D O F T H E R I N G S A I S K
```

Solution on page 186

Magic Fairyland

BANSHEE

BLUEBEARD

BROWNIES

CHANGELING

CYCLOPS

DRAGON

DWARF

ELF

ENCHANTED

ETHEREAL

FABLE

FAIRY

FLY

FROG KING

GIANT

GOBLIN

GODMOTHER

GREMLIN

HOBBIT

LEGEND

LEPRECHAUN

MAGICAL

MERMAID

NEVERLAND

OGRE

PEGASUS

PETER PAN

SHADOW

SHAPESHIFTING

SPELLS

SPIRIT

SUPERNATURAL

TINKER BELL

TROLLS

WAND

WARLOCK

WITCH

WIZARD

```
M Y F B K U F F H D T D P W I Z A R D N
K A R G M Q V E W D Q F H S A R X S E E
O T G I W T L A E R E H T E V R G N N R
M I L I A A R T E W A U M A U S L G J W
E N O M C F N F M E R M A I D E N O V G
U K D S S A J D A I E R G O G I E D C L
X E F V H U L Y E B G H Z T T N V M N K
M R M C I S S T R O L L S F D W E O D D
X B N Q P Z R A P S C E I N D O R T S R
C E G E D P O A G H K H I P A R L H P A
I L L J K R D F A E S A N Z F B A E I G
T L A R U T A N R E P U S W L C N R R O
S N I L B O G E P O A Q G W Y Q D E I N
T H F B E E W A B H G I F C D N M O T K
N N Z B L I H L C E A K L T E L N S I Q
J J X I F S J E Y N U O I G I C E H W V
S E N N A P R E T E P L E N G B K A I J
Q G G U D P F R O S S L B K G E B D T X
U I F R E M N R S F A K S D X W B O C D
A X R L T M W R O Z U X I I O R J W H A
```

Solution on page 186

CHAPTER 10: **THE WIDE WORLD OF SPORTS**

Baseball Players

ABNER DOUBLEDAY

BARRY BONDS

BILLY MARTIN

BILLY WILLIAMS

BROOKS ROBINSON

CAL RIPKEN

CASEY STENGEL

DARRYL STRAWBERRY

DON DRYSDALE

ERNIE BANKS

GAYLORD PERRY

HACK WILSON

HONUS WAGNER

JACKIE ROBINSON

JOSE CANSECO

KEN GRIFFEY JR

LOU GEHRIG

MARK MCGWIRE

MICKEY MANTLE

PETE ROSE

ROLLIE FINGERS

ROY CAMPANELLA

SANDY KOUFAX

SATCHEL PAIGE

TED WILLIAMS

TOM SEAVER

WILLIE MAYS

```
B I L L Y W I L L I A M S W Z O W W K A
E G J O S E C A N S E C O E V G H Q Z M
C A I C N O S N I B O R S K O O R B C N
A Y A U U P K V E R I W G C M K R A M G
S L D U U J A C K I E R O B I N S O N R
E O W T R E N G A W S U N O H L K W R O
Y R Y E X U V N S K N A B E I N R E O L
S D N O S L I W K C A H C F U C H I Y L
T P W I L L I E M A Y S J T G M M Q C I
E E D A R R Y L S T R A W B E R R Y A E
N R G I R H E G U O L B S M I P C R M F
G R T E D W I L L I A M S J K U A E P I
E Y D O N D R Y S D A L E W I V L V A N
L B A R R Y B O N D S M K O Z M R A N G
W A B N E R D O U B L E D A Y C I E E E
C U P R J Y E F F I R G N E K M P S L R
Y E L T N A M Y E K C I M F U I K M L S
N X A F U O K Y D N A S I O R O E O A M
O D D Y S A T C H E L P A I G E N T S X
P E T E R O S E B I L L Y M A R T I N H
```

Solution on page 187

A Sporting Chance

```
Z H A N D B A L L A C R O S S E N I S R
M B D O H D O W A T E R S K I I N G U U
I G S M G J O A S G N I L W O B S N C N
B N C M N F H W T I W N O V V A D I S N
G I I A I X E G N I N D O M I S R B I I
N L T G T L F N R H N N P W R E A M D N
I D S K A L G I C B I G E L I B I I C G
T R A C K A N D F I E L D T C A L L R N
O U N A S B I D W K N K L R E L L C I I
O H M B D Y T E V I X G O S S L I N C C
H D Y A E E A L V N M Q S Q K L B I K A
S I G D E L K S U G U Q I R A I K A E R
U V N M P L S B R E C C O S T M I T T E
R I O I S O E O T B U L L R I D I N G S
F N P N L V R B S W I M M I N G R U G R
I G G T B C U R L I N G U B G O L O P O
N W N O Q B G N I W O R H T R E M M A H
G O I N S T I C K B A L L A B T O O F V
X Q P D S O F T B A L L N I L E V A J W
G N I X O B S Q U A S H L D S E D T W Z
```

BACKGAMMON

BADMINTON

BASEBALL

BIKING

BILLIARDS

BOATING

BOBSLEDDING

BOWLING

BOXING

BULL RIDING

CRICKET

CROQUET

CURLING

DISCUS

DIVING

DOWNHILL SKIING

FENCING

FIGURE SKATING	MOUNTAIN CLIMBING	STICKBALL
FOOTBALL	PING PONG	SURFING
GYMNASTICS	POLO	SWIMMING
HAMMER THROWING	POOL	TABLE TENNIS
HANDBALL	RUNNING	TRACK AND FIELD
HORSE RACING	SHOOTING	VOLLEYBALL
HURDLING	SOCCER	WATER SKIING
ICE SKATING	SOFTBALL	
JAVELIN	SPEED SKATING	
LACROSSE	SQUASH	

Solution on page 187

Tennis Anyone?

```
O E G D U B N O D R E K C E B S I R O B
K D Y J A O N E D L I T L L I B C G A A
Y J S O Q B J H C T A M N T Y M R L Z C
B N E H K B T U X U I S I W A E L O I K
D J L N E Y L W S F E A P L B B L S C C
C X A M N R U N E T L D S D O I Q L Y O
I N D C R I A N H U I D E Y O F E J A U
C R S E O G F S R O N N O C Y M M I J R
P V Y N S G F E O A A S E L B U O D X T
N Y R R E S G V R F A R T H U R A S H E
E E D O W S L G E C T R E V E S I R H C
N L F E A Q Y T X B A C K H A N D G W S
I L F T L K S E R V E P B M B V I Q W I
L O I K L I S S A G A E R D N A O N T N
E V L A E M A R T I N A H I N G I S E G
S M C E V E N U S W I L L I A M S U K L
A P P R O A C H T R U O C R E T N E C E
B A D B L B S R E T S J I L C M I K A S
C H P A S S I N G S H O T E L O A C R Z
H S A M S A R P M A S E T E P Z E G S A
```

ACE

ALLEY

ANDRE AGASSI

APPROACH

ARTHUR ASHE

BACK COURT

BACKHAND

BALL BOY

BASELINE

BILL TILDEN

BOBBY RIGGS

BORIS BECKER

BREAK

CENTER COURT

CHRIS EVERT

CLIFF DRYSDALE

DEUCE

DON BUDGE	KIM CLIJSTERS	SET
DOUBLES	LET	SINGLES
FAULT	LOVE	SMASH
GAME	MARTINA HINGIS	SPIN
GRAND SLAM	MATCH	STEFAN EDBERG
JENNIFER CAPRIATI	NET	VENUS WILLIAMS
JIMMY CONNORS	PASSING SHOT	VITAS GERULAITIS
JOHN MCENROE	PETE SAMPRAS	VOLLEY
JUSTINE HENIN	RACKET	
KEN ROSEWALL	SERVE	

Solution on page 187

On the Baseball Field

BALK

BASEBALL

BASES

BATTER

CATCHER

CHANGE UP

CURVE BALL

DIAMOND

DOUBLE

FOUL

GLOVE

GRAND SLAM

HITS

HOME RUN

INFIELD

INNING

MAJOR LEAGUE

OUTFIELD

PITCHER

PLATE

RUNS

SHORTSTOP

SINGLE

SPIT BALL

STEAL

STRIKE

TEAM

THROW

TRIPLE

UMPIRE

WALK

```
V O L X K U J O S U J Z G H D D Q L J Q
A T G G T M H Q O H I E M G P J B B J S
S Z W J F E Z H N V A L L U K G B U D Y
R V O K F V I M E O E L X W R L M I S I
N D X G O J N N Y U M A L D K P A U I W
I E C N G T W F G S R B Y P I M H I T S
E I F B U G O A S E M E F R O S E S A B
Z V A W C R E D T O Y V E N X M S J E I
J L O P U L E T O B G R D X G G Y N I J
K X E L R H A M S V P U Q V Y V W X U K
A X I O G B X L O C R C I N F I E L D R
E G J E W P P E F H G R A N D S L A M P
Y A S H O R T S T O P L B E D G S I U R
M P T R I P L E P W L A L L F T Y E E E
S I K A Y O Y L O A S B E G R O G T L H
T T L L H Y A R B E U I M I N N U U G C
E C A W B T H T B O F A K M A I V L N T
A H W X E T I A D T E E A H S E N V I A
L E S O F P L K U T T N C V M O M N S C
Y R F G S L H O X V X N V X D D X Y I G
```

Solution on page 187

Olympic Games

AQUATICS

ARCHERY

ATHLETICS

BADMINTON

BASEBALL

BASKETBALL

BOXING

CANOEING

CYCLING

DECATHLON

DISCUS

DIVING

EQUESTRIAN

FENCING

FOOTBALL

GYMNASTICS

HAMMER THROW

HANDBALL

HEPTATHLON

HIGH JUMP

HOCKEY

HURDLES

JAVELIN

JUDO

KAYAK

LONG JUMP

MARATHON

POLE VAULT

RELAYS

ROWING

SAILING

SHOOTING

SHOT PUT

SOFTBALL

STEEPLECHASE

SWIMMING

TABLE TENNIS

TAEKWONDO

TRIATHLON

TRIPLE JUMP

VOLLEYBALL

WATER POLO

WEIGHTLIFTING

WRESTLING

```
K M L I L N O T N I M D A B K A Y A K C
D H J A V E L I N O L H T A C E D W H S
O Z U H A N D B A L L O N G J U M P L H
I J W R P M U J H G I H D L C B A L O O
H U B W D L G Y M N A S T I C S A C R T
Y D G N O L H T A I R T E A I B K B S P
Y O W N U A E Q W U C S Y N T E D T C U
V D C Y I B W S D R H R N F Y P E N I T
Q N A I R T S E U Q E E O W I E E O T L
W O N Z B E F U I H T S O Z P D R H A U
E W O W O K G I C E L R T L A I O T U A
H K E X L S I R L S H L E L H V W A Q V
N E I G O A A B L T I C A Z I I I R A E
F A N N P B A L R O H D R B Y N N A M L
V T G I R T A E D A C G B E Y G G M B O
W H N T E B M M S Y T R I P L E J U M P
Y H I O T M C E X E B A S E B A L L N I
A P X O A T H L E T I C S V W M Y L A M
U Y O H W F E N C I N G N I L I A S O Z
S F B S W I M M I N G N I L C Y C C U V
```

Solution on page 187

Football Players

ADAM TIMMERMAN

ARCHIE GRIFFIN

BARRY SANDERS

BERNIE KOSAR

CRIS DISHMAN

DEION SANDERS

DON MEREDITH

DREW BLEDSOE

EMMITT SMITH

ERIC DICKERSON

FRAN TARKENTON

HERSCHEL WALKER

JOE THEISMANN

JOHNNY UNITAS

KEYSHAWN JOHNSON

LARRY CSONKA

MARCUS ALLEN

MERLIN OLSEN

MIKE GARRETT

PEYTON MANNING

SONNY JURGENSON

TERRY BRADSHAW

TONY DORSETT

WALTER PAYTON

YANCEY THIGPEN

```
N O T N E K R A T N A R F U G V L E X B
Q N A C Z A G N I N N A M N O T Y E P A
E O K U J D N M T N S K H L Y Y H E N R
H T N T T A E I T I A E H S V B I O A R
T Y O J W M S K E F T Y J R I R Y S M Y
I A S I A T L E S F I S O E H J A D H S
M P C N H I O G R I N H E D T G N E S A
S R Y E S M N A O R U A T N I B C L I N
T E R L D M I R D G Y W H A D E E B D D
T T R L A E L R Y E N N E S E R Y W S E
I L A A R R R E N I N J I N R N T E I R
M A L S B M E T O H H O S O E I H R R S
M W R U Y A M T T C O H M I M E I D C J
E R I C R N R Y P R J N A E N K G M V F
N C N R R Q L E K A L S N D O O P E B J
H X U A E X I G U A F O N O D S E G J D
Z M K M T Z M T Q X Z N G U R A N O B M
S H E R S C H E L W A L K E R R V H O H
Q W Z X A S O N N Y J U R G E N S O N S
O O R V N O S R E K C I D C I R E R V K
```

Solution on page 187

Spelunking

ALCOVE
ALTAMIRA
ANTHODITE
BATS
CALCITE
CARLSBAD
CAVERN
CLIMBING
COLUMN
COOL
CRAWLING
DARK
DIVING
DOMES
EXPEDITION
EXPLORING
FLOWSTONE
GROTTO
HALOGEN LAMP
HELICTITE
HELMET
HYPOTHERMIA
LABYRINTH
LASCAUX
LIMESTONE
MAMMOTH CAVE
PASSAGE
PITCHES
ROPES
SAFETY
SANDSTONE
SILT
SPELEOLOGY
SPELUNKING
SQUEEZES
STALACTITE
STALAGMITE
TOM SAWYER
WATER

```
H T N I R Y B A L I M E S T O N E E W J
H P Z Y F G S U E P H X X A G J Y X N X
H T H T W O A U R L B D D A I K B P R Z
W A K X L L N E N E Y T C R A W L I N G
L K L M A O D T A V K T P C G F X P O P
E F D O M E S I D A B S L R A C V U I F
H U B G G L T T P C E T I M G A L A T S
A Z A U N E O C I H Y P O T H E R M I A
B S G K I P N I R T E S E V O C L A D C
R E N A B S E L Z O F T T W H E L M E T
E H I X M F E E A M G N I K N U L E P S
W C V S I M L H M M B M D T I U E M X E
E T I C L A C O P A P U O O C V X A E Z
J I D X C A T A W M G L H M J A P L G E
F P K W V D S B M S B O T S S I L T R E
N O E E A S A C A R T C N A A M O A O U
N V R R A T O F A D E O A W N C R M T Q
Q N K G S O E E R U V L N Y X X I I T S
P M E J L T W R O E X A N E H X N R O S
U Q S O Y Z R L Y S E P O R V M G A M T
```

Solution on page 187

University Teams

```
L L S H S N A T R A P S H S H S S R D F
O L E O S S G S E T U O S A R R M M F Q
N F L O K T O C W C K B W E E E Z A Q Y
G C O S C E L F O I O K U I I G G S R E
H S N I U K D N E R E M L C N K R D D V
O B I E D C E S I Y N A M S K E S I A M
R U M R S O N T E T V H R O K E T U I B
N L E S T R G S P A T E U A D N Y D H R
S L S S A S O B C H V A M S O O S E W A
S D S C C O P F L A G R N S K H R O S Z
N O E E D O H S E U E C M Y I E L E S O
I G L T L N E B R L E I A P L V R K S R
U S G Z I E R S I E R D M R E I W S G B
R E A A W R S O E C H E E R D A O A M A
B Q E Q L S B F V I N T I V H I T N G C
H U R R I C A N E S G N N Y I O N I S K
S R A G U O C R W D E G A A R L I A X S
M S L E E H R A T S I J A S P M S U L K
C O W B O Y S Q T V O L U N T E E R S S
B O B C A T S A N E M E G N A R O U D S
```

AGGIES

AZTECS

BADGERS

BEAVERS

BLUE DEVILS

BOBCATS

BOILERMAKERS

BRUINS

BUCKEYES

BULLDOGS

CARDINALS

CAVALIERS

COMMODORES

CORNHUSKERS

COUGARS

COWBOYS

CRIMSON TIDE

DUCKS

EAGLES

GATORS

GOLDEN GOPHERS

HAWKEYES

HOKIES

HOOSIERS

HURRICANES

HUSKIES

JAYHAWKS

LONGHORNS

MIDSHIPMEN

NITTANY LIONS

ORANGEMEN

PANTHERS

RAMS

RAZORBACKS

ROCKETS

SEMINOLES

SOONERS

SPARTANS

TAR HEELS

UTES

VOLUNTEERS

WILDCATS

WOLVERINES

Solution on page 187

Play Golf

BACK NINE

BACKSWING

BIRDIE

BOGEY

CADDY

CARD

CHARGE

CHIP SHOT

CLUBS

COUNTRY CLUB

COURSE

CUP

DIMPLE

DRAW

DRIVERS

DUNK

EAGLE

FAIRWAY

FLAG

FRONT NINE

GALLERY

GIMME

GOLF BALL

GOLF CART

GREEN

GRIP

HANDICAP

HAZARD

HOLE IN ONE

HOOK

IRON

LEADER BOARD

MASTERS

MULLIGAN

PAR

PGA

PIN

PUTTERS

ROUND

SCRATCH PLAYER

TEE

TOURNAMENT

WEDGE

WHIFF

```
E Y F T K C H D Z U F N B P E I B X M E
R J D G Y O L Y F A F F I H W H L R F F
E B R D B Q O U I L H H R E S R U O C B
M C L E A D E R B O A R D L G Q Y C I B
M B U L Y C W Z R S Z G I P D R H U Y X
I E C P H A N D I C A P E F E I A W Z H
G I F M Y O L V E T R E H L P E E H H O
O H Z I T L L P N A D W L S A I W O C P
L P E D M C E E H P X A H G D D O A A I
F D M H E F M M N C G O E P R K Y R D N
B T J E M A R S P O T A L A I E N O R I
A A H D N O R O L U N A C W V S E U W M
L D C R U W J F N N T I R C E S B N D N
L B U K O L C G T T A T E C R M S D H E
F O P T S A S O Z R N G E L S W R C G C
T G S B R W X J S Y E I I R O C E F R R
E E U T E N I N K C A B N L S H T D B G
K Y G T M U H N E L G W Q E L C S R G Q
Z Q O R Q P I R G U L C D N E U A A I E
U O K J I E X F X B E P W A B T M W F A
```

Solution on page 188

Hockey

ASSIST

ATTACKERS

BACKHAND

BLOCKER

BOARDS

BREAK OUT

BREAKAWAY

CHECK

DEFEND

DEFLECTION

FACE GUARD

FACE OFF

GOAL

GOALTENDER

HAT TRICK

ICE

ICING

NET

PADS

PASSING

PENALTY

POWER PLAY

PUCK

REBOUND

REFEREE

RINK

SAVE

SHOOTING

SKATE

SLAP SHOT

STICK

TIME OUT

```
E M A N G G A O D P O W E R P L A Y I D
H J U G F X T S D G N I T O O H S Y Y T
Q M X P G G T E E K C I T S W D Q K A K
M U M K S U A I F D N E F E D E V U W Q
L G X M U J C G L K C U P Z R X X X A P
B J R M B A K M E G T S I S S A T V K E
E U T C L Q E I C O B R E A K O U T A N
M D D I W I R A T A E C I Q K N I R E A
M W N Y M G S B I L G H G C E J T K R L
G F A U K E H U O T J E E Z I O N C B T
U F A D O T O F N E N C B T H N R I Z Y
J S X C L B F U J N D K L S A E G R A T
T T B C E O E A T D R N P S F K N T B B
E A N E E G S R I E U A A E D E S T T L
Z A I C E X U D M R L K R H T R Z A E O
X K A R Y U H A A S O E E F K S A H I C
Q F Y E G E C I R P E F W V X C D O G K
B P A S S I N G B D F M O O A Z A O B E
B W R A T R U W U V L I Y N K S A B Q R
H M R J D X N W V Y B I L X J L P I C L
```

Solution on page 188

A Day at the Races

```
C D D K C Y A W D E E P S B B G X N Q F
C O N C E S S I O N S V W K O L P Q A R
F F D A Y T O N A T T A G E R S I X U T
F E T Z K E I N D I A N A P O L I S Q S
D F I I Y D S E L R S N O H T A R A M F
G G O H U E A R Z O T T D L U W I W G M
E A R O C C K S O R E X U C A R C A M O
T G L E T W R C H H E U I R W W D L N L
X H A F E R E I O Z P P A R N V R L S A
J Q O R D N A R C J L C E Y P P U B E L
Q A Q R A E F C C Y E N V E I D N Y R S
T N S E O G R L K C C V M L T J N L I S
V F P V R U X E A H H G A L C Q E A T L
A N R I T U G P K G A P Q O R C R O R S
P O I R I D Q H U C S L G W E A C W P G
J R N D P B K S B O E N H F W K D O S C
X H T O O B S S E R P H F L C S N I C J
S Z S B E S R U O C E L C A T S B O O O
T R A J R J N W R H F D R G O Q J F L C
V J D N V L K K K H R D E R B Y A L E R
```

AIR WRENCH

CAR CAM

CHECKERED FLAG

CIRCUIT

CONCESSIONS

CREW CHIEF

DASH

DAYTONA

DERBY

DRIVER

FOOT

GARAGE

GRAND PRIX

GREEN FLAG

HORSE

HURDLES

INDIANAPOLIS

JOCKEY

LAPS

MARATHON

OBSTACLE COURSE

PACE CAR

PIT CREW

PIT ROAD

PRESS BOOTH

RADIO

REGATTA

RELAY

RUNNER

SLALOM

SPEEDWAY

SPONSOR

SPRINT

STEEPLECHASE

STOCK CAR

THOROUGHBRED

TIRES

TRACK

TURN

WALL

WINNERS CIRCLE

YELLOW FLAG

Solution on page 188

Track and Field

ATHLETES

BLOCKS

BRUCE JENNER

CARL LEWIS

COACH

COMBINED EVENTS

COMPETITION

COURSE

CROSS COUNTRY

FINALS

FLO JO

GAIL DEVERS

GOLDEN SHOES

HAMMER THROW

HIGH JUMP

HURDLES

INFIELD

JAVELIN

JUDGE

LANE

LONG JUMP

MARATHON

MARION JONES

MAURICE GREEN

METERS

MICHAEL JOHNSON

OLYMPICS

PENTATHLON

PREFONTAINE

QUALIFY

RACES

RECORD

RELAY RACE

ROAD EVENTS

RUNNING

SHOT PUT

SPRINT

STEEPLECHASE

THROWING

TIMER

TRIATHLON

TRIPLE JUMP

TURF

```
S F M N O L H T A I R T S W E S R U O C
W P I A T H L E T E S E E W S E A A D E
S P E N T A T H L O N H O T H N G C M X
R O Y U A N Y A Y I S R H I O O W Z E D
Y B R G I L Y S A T H S S S T J N W S M
G F R R J R S T N T N T P N I H C S
R P P U A K N E R U G H E N U O L C I X
A S D C C O V E U A O R D E T I E P P P
C G E O F E M P I J H O L V N R V M M Q
E V L E D M J L L R U W O E E A A U Y U
S B R A A D D E E L R I G D E M J J L A
B P O H O E A C N A D N N E R H S G O L
P R K R V H O H Q N L G W N G C I N J I
T X Y E C R R A Y E E U A I E A W O O F
M F R I D E V S S R S R H B C O E L L Y
E S M P M U J E L P I R T M I C L W F D
T W P I Y R T N U O C S S O R C L C E Q
E Q T M X I N F I E L D G C U K R J I K
R U N N I N G S N O H T A R A M A U B J
S U F F V E N O I T I T E P M O C D G A
```

Solution on page 188

Gymnastics

AMPLITUDE

ARABESQUE

ATTITUDE

AXIS THROW

BARANI

BODY WAVE

CABRIOLE

COSSACK

DEGREE OF DIFFICULTY

DISMOUNT

EXECUTION

EXERCISE

FLIFFIS

FRONTAL PLANE

HEALY

HURDLE

ILLUSION TURN

INWARD TURN

JETE

JUDGES

LATERAL PLANE

LEG CIRCLE

LUNGE

MILL

OPTIONALS

PARALLEL BARS

PIROUETTES

POMMEL HORSE

QUADRIFFIS

RETRO ROLL

RINGS

SCORING

SISSONE

SPIRAL

SPOTTERS

STRADDLE

STUTZ

TUMBLING

UNEVEN BARS

VAULT

WALKOVER

```
T Y E A G N I L B M U T N U O M S I D L
A Q S A T I X H E S R A B N E V E N U X
U W P K Z T U T S X I B K D S M L W P I
M Y O L A R I P S S E O P T I O N A L S
X B T H D J E T E O I R O C U G I R Q F
S O T L G U C D U U F F C M I L L D U I
T D E G R E E O F D I F F I C U L T Y S
R Y R N W A L K O V E R Q I S C U U A E
A W S R A B L E L L A R A P L E S R X T
D A T C L L O R O R T E R U L F I N I T
D V S O T Q P I S P O M M E L H O R S E
L E J S I D R L C J U D G E S E N R T U
E U Q S E B A R A N I C V Y V A T O H O
G B G A A T E D U T I L P M A L U P R R
D E S C O R I N G R N N H F U Y R W O I
L S G K E G T T C E N O S S I S N R W P
U T N B P W P L L A T E R A L P L A N E
N O I T U C E X E U S I F F I R D A U Q
G S R N I B J Z K Z A M M C T O Q Y K B
E A Y Y N G A W Q I Y V Z S M A C O K Y
```

Solution on page 188

NASCAR

ANDY BELMONT

ANDY HILLENBURG

AUTOMOBILE

BOBBY HAMILTON JR

BOBBY LABONTE

BRENDAN GAUGHAN

CASEY MEARS

CHASSIS

DALE EARNHARDT JR

DRIVER

ELLIOTT SADLER

ENGINE

FINISH LINE

GRANDSTAND

GREEN FLAG

GREG BIFFLE

INFIELD

JEFF GORDON

JEFF GREEN

JEREMY MAYFIELD

JIMMY SPENCER

JOHNNY SAUTER

KASEY KAHNE

KEN SCHRADER

KEVIN HARVICK

KEVIN LEPAGE

MARK MARTIN

MATT KENSETH

MOTOR

OVAL

PASS

PITS

PJ JONES

POLE

RICKY CRAVEN

ROBBY GORDON

RUSTY WALLACE

RYAN NEWMAN

SCOTT RIGGS

SCOTT WIMMER

TERRY LABONTE

TIRES

```
G D L E I F N I V N A M W E N N A Y R E
R J D N H T E S N E K T T A M X Z J F N
E R O O L E C B O B B Y L A B O N T E H
E R E D A R H C S N E K R D I O H X B A
N I G R J R A U A M T K R A T D R R E K
F J A O E Y S X K I M E N L L A E U L Y
L I P G F L S O R A M D I E R N L S I E
A M E Y F A I E R M Y M I E D D D T B S
G M L B G B S T I H A F T A O Y A Y O A
S Y N B O O I W I H Y U N R R B S W M K
C S I O R N T L Y A A G C N I E T A O D
O P V R D T L B M S A P A H C L T L T N
T E E H O E B Y Y U J L S A K M O L U A
T N K C N O M N G J T A E R Y O I A A T
R C S B B E N H O P G V Y D C N L C E S
I E U P R H A N R O T O M T R T L E N D
G R A E O N E E R G F F E J A U E R I N
G S J J R S K E V I N H A R V I C K G A
S T I P E L F F I B G E R G E L O P N R
D R I V E R N E N I L H S I N I F O E G
```

Solution on page 188

Hoops

ALLEY OOP

ASSIST

BACKBOARD

BANK SHOT

BASKET

BENCH

BOUNCE

CENTER

CHAMPION

CHEERLEADERS

COACH

COURT

DEFENSE

DOUBLE DRIBBLE

FANS

FAST BREAK

FORWARD

```
Q I W B P T P P F I Z B T N R C N M T B
R F S F F O Y A L P O O Y E L L A Y A K
F O R W A R D D S U H F T W U S N A F R
G F S O Q Q R F N S R E V O C E N T E R
X F W R N O E C K G M F F O P I T V T N
S E I H E W E N O I U L T U G L O R W J
E N S T L D A N R V A O D U A N A X U N
C S H E B B A E W C E R A N R V H M N L
O E Q E B L P E I O A R E U E E P O T I
A Z N R I S P N L O D V T L L S I S S K
C C E F R D H G B R I D I I H P I H C K
H O I N D C E K K O E N N O M S S O R W
O R U H E K C F L S G E T A S E L T E N
X E D T L A D A E G L U H A P C A C E X
L F V A B N T N I N H C E C E U M L N F
Z E W A U I I K Y P S G P M A H D O L F
D R R O O F A S T B R E A K K H U C W P
D E B N D C J E X A D G I H T V N K K S
V E L O E C S I D E L I N E T E K S A B
R X R Y T H W J R Z P O T R U O C T X Q
```

FREE THROW

GAME CLOCK

GUARD

IN THE PAINT

JUMP SHOT

LANE VIOLATION

MASCOT

NET

OFFENSE

OVERTIME

PASS

PERIMETER

PLAYOFFS

REBOUND

REFEREE

SCREEN

SHOT CLOCK

SIDELINE

SLAM DUNK

SWISH

TECHNICAL FOUL

TIP OFF

TRAVELING

TURNOVER

UP AND DOWN

WALK

Solution on page 188

Hoops

G I W B R T R R E I Z O T N R G N M T B
R R S E R O Y A L P O O Y E L G A Y A K
F O R W A R D S U H F T W U S N A F R
G R S O O R R N S R E V O C E N T E R
X E W R N O E G K G M F R O F I T Y T N
S E I H E W E N O J U T T U G L O R W U
E N S T E D A N R V A O D U A N A X U N
C S H E B B A E W O E R A N B V H M N U L
O B C E B L P E I O A R E O L E P O T I
A Z N R I S R N L O O V T L L S I I S K
C C E R D N G B R I D I T R P T N C K
H O U N D C E K K O E N N O M S O R W
O R U B K O F J S C E T A S E I T R N
X E D T I A D A E G U H A Z O A C E X
L E V A B T N I T I N H C E C E U M L N F
Z E W A U I I K Y P S G F M A H D O L F
O R R O O F A S I B R E A K K H U O W P
D B R N D C J E X A D G E I H T N I N K S
V E L O E O S T O E L I N E T E K S A B
H X R Y T H W J R Z R P O F R U O C T X O

PASS   TECHNICAL FOUL

PERIMETER   TIP OFF

PLAYOFFS   TRAVELING

REBOUND   TURNOVER

REFEREE   UP AND DOWN

SCREEN   WALK

SHOT CLOCK

SIDELINE

SLAM DUNK

SWISH

ALLEY OOP
ASSIST
BACKBOARD
BANK SHOT
BASKET
BENCH
BOUNCE
DRIBBLE
CHAMPION
CHEERLEADER
COACH
COURT
DEFENSE
DOUBLE DRIBBLE
FANS
FAST BREAK
FORWARD
FREE THROW
GAME CLOCK
GUARD
HALF TIME
JUMP SHOT
LANE VIOLATION
MASCOT
NET
OFFENSE
OVERTIME

ANSWERS

CHAPTER 1:
STAGE AND SCREEN

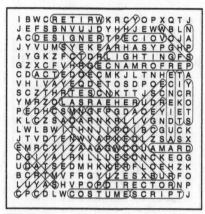

Theater

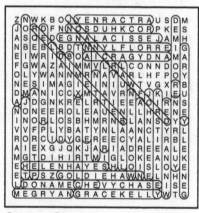

Making Movies

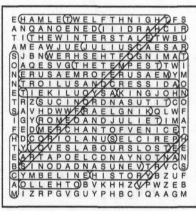

Shakespeare on the Stage

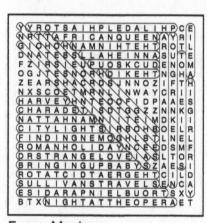

Funny Movies

Screen Stars

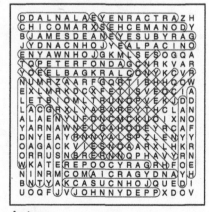

Actors

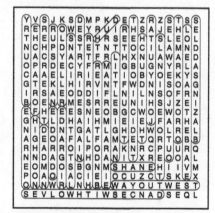

Western Movies

Broadway Players

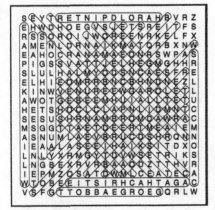

Playwrights

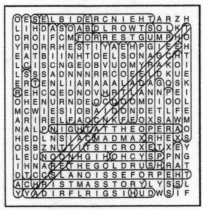

On the Silver Screen

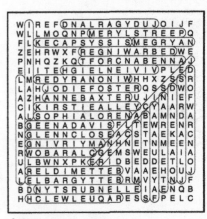

Actresses

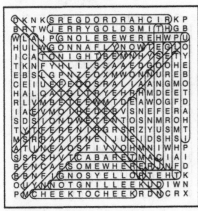

Music in the Movies

On the Stage

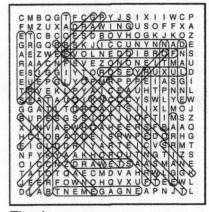

Titanic

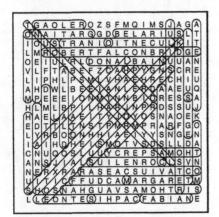

Shakespeare's Characters

CHAPTER 2:
AROUND THE WORLD

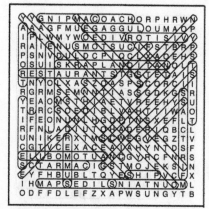

World Traveler

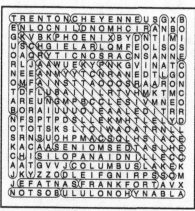

U.S. Capitals

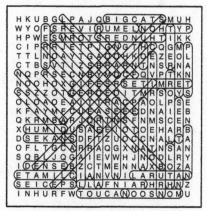

It's a Jungle Out There

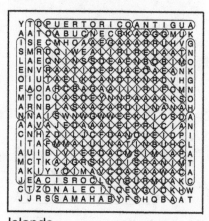

Islands

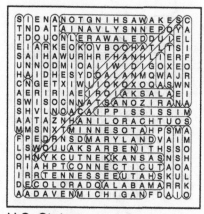

U.S. States

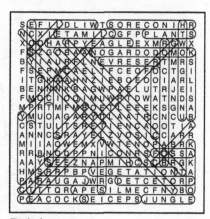

Rainforests

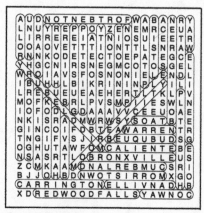

Small Towns

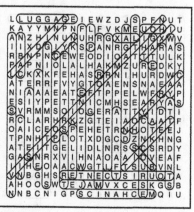

Airports

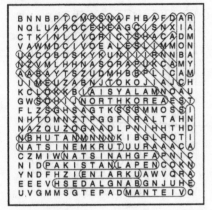

Asian Nations

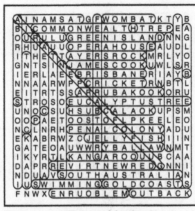

The Land Down Under

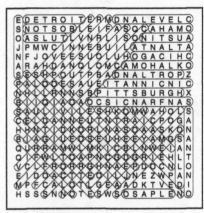

U.S. Cities

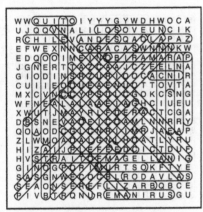

A Trip to South America

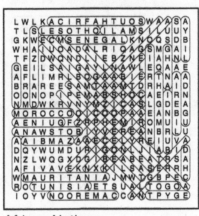

African Nations

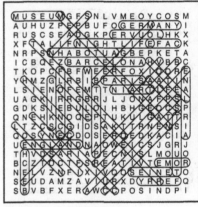

European Vacation

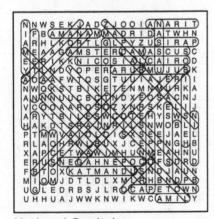

National Capitals

172

CHAPTER 3:
THE ANIMAL KINGDOM

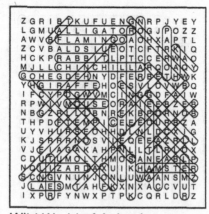

Wild World of Animals

Dogs and Cats

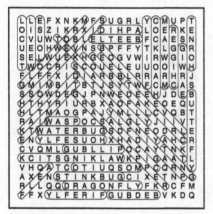

Insects

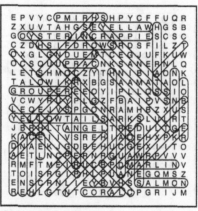

Something Fishy

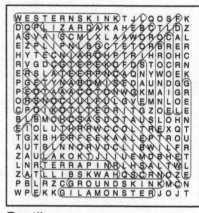

Reptiles

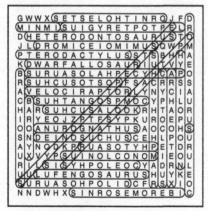

Jurassic Animals

Horses

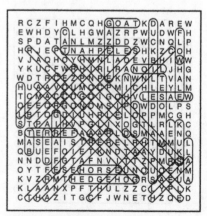

Warm-Blooded Animals

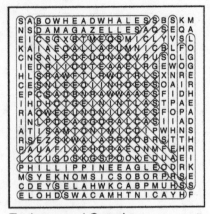
Endangered Species

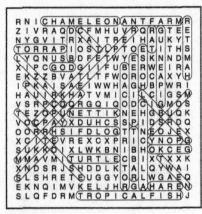
Pets

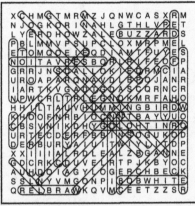
Bird Watching

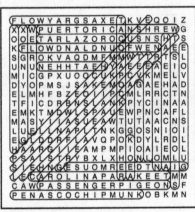
Extinct Animals

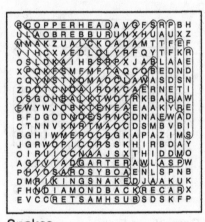
Snakes

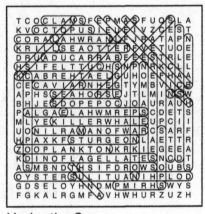
Under the Sea

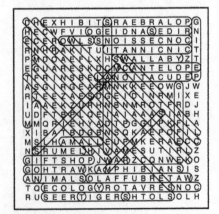
A Day at the Zoo

CHAPTER 4:
WORKPLACE
WORD SEARCH

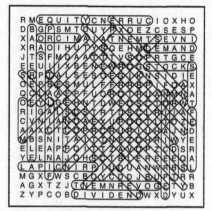

Business as Usual

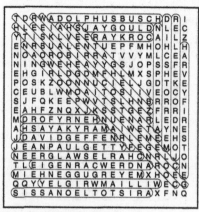

Business Leaders

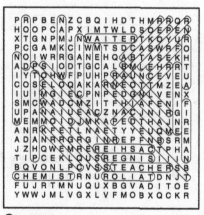

Careers

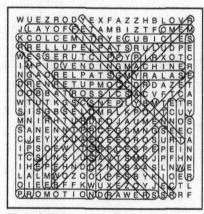

The Office

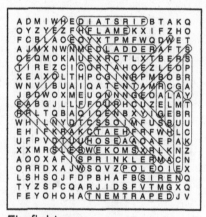

Firefighters

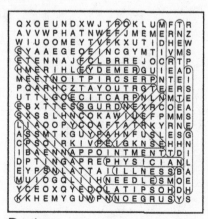

Doctors

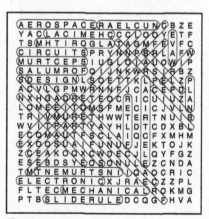

Engineers

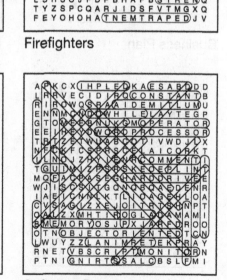

Software Development

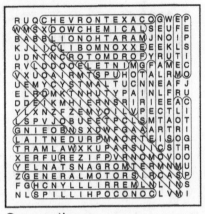

Corporations

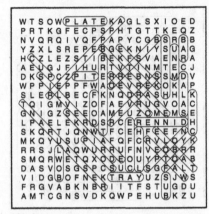

Waiters

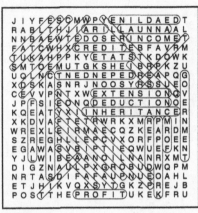

Taxes

Business Plan

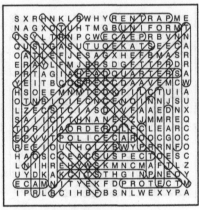

Police on the Beat

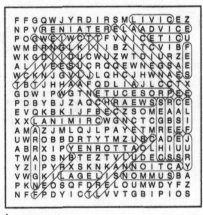

Lawyers

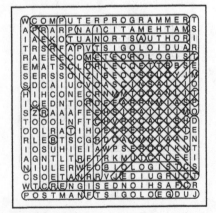

It's My Job

CHAPTER 5:
FUN WITH FOOD

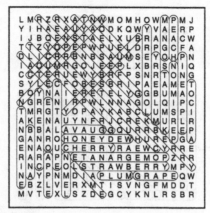

Fruit

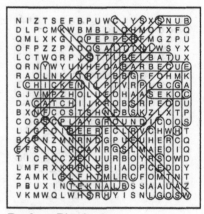

Vegetables

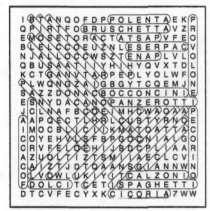

Italian Foods

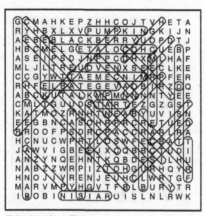

Pie in the Face

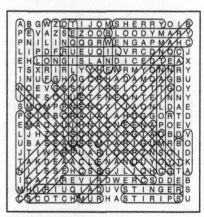

Perfect Picnic

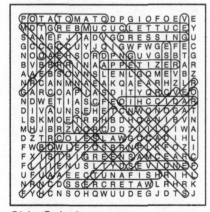

Side Salads

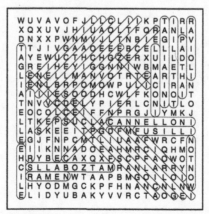

Pasta

Cocktail Hour

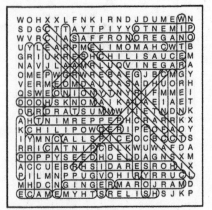

Spice It Up

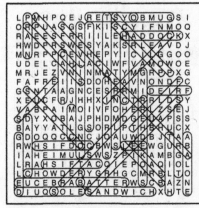

Seafood Restaurant

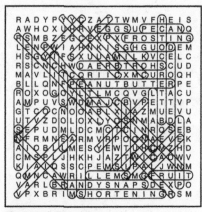

Baking Cookies

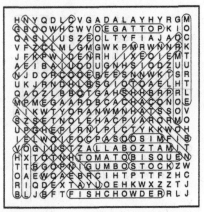

Soups

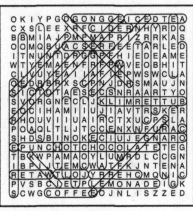

Something to Drink

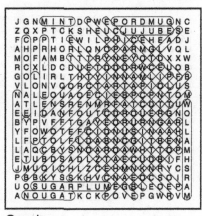

Candy

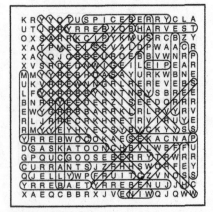

Berry Delicious

CHAPTER 6:
HOLIDAYS AND CELEBRATIONS

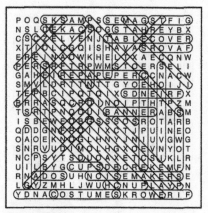

Party Time

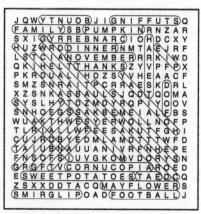

Thanksgiving

Traditional Anniversary Gifts

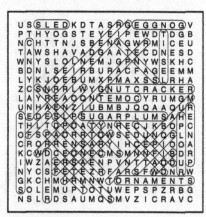

Christmas

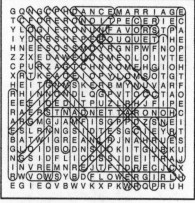

Wedding Ceremony

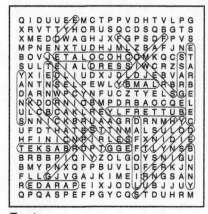

Easter

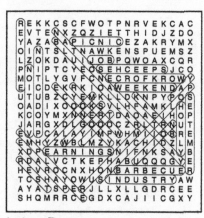

Labor Day

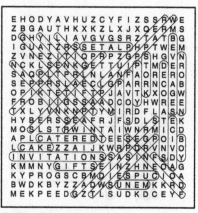

Baby Shower

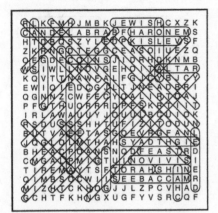
Happy Hanukkah

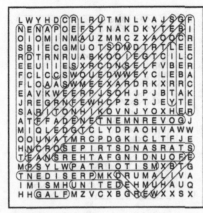
Fourth of July

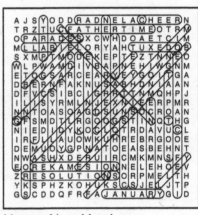
Trick or Treat

Birthday Party

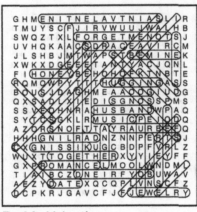
Be My Valentine

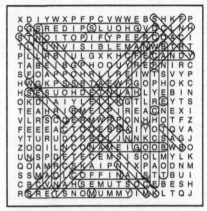
Happy New Year!

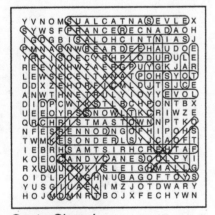
Santa Claus Is
Coming to Town

CHAPTER 7:
POP CULTURE

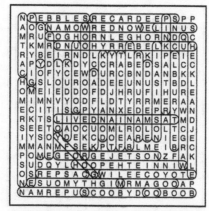

Animated Cartoon Characters

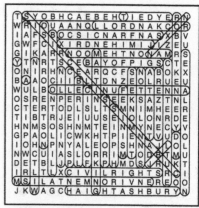

'60s Flashback

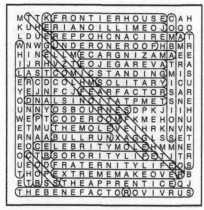

Reality TV

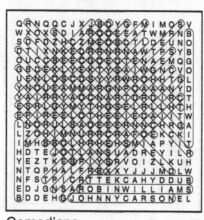

Comedians

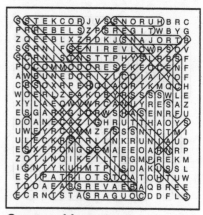

Campus Mascots

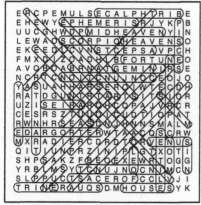

What's Your Sign?

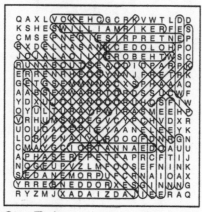

Star Trek

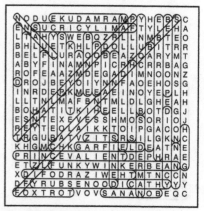

Funny Pages

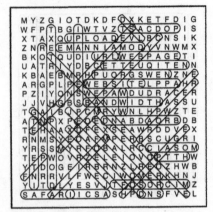

World Wide Web

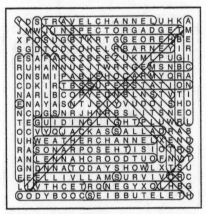

Turn on the TV

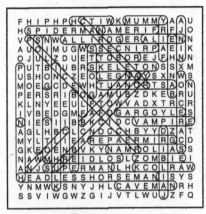

Costume Party

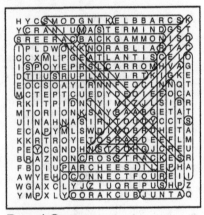

Board Games

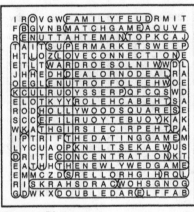

Game Shows

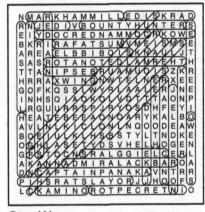

Star Wars

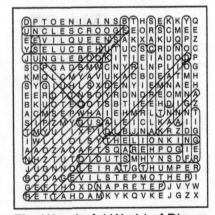

The Wonderful World of Disney

CHAPTER 8:
MUSICAL PUZZLES

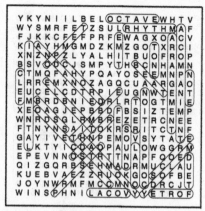

Musical Words

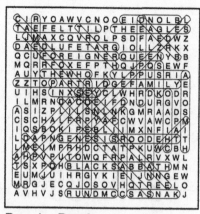

Popular Bands

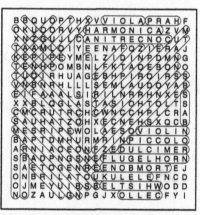

Musical Instruments

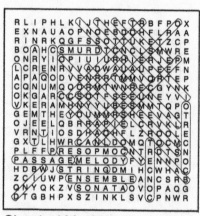

Classical Music

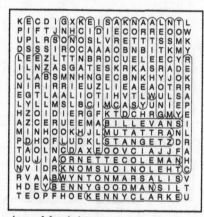

Jazz Musicians

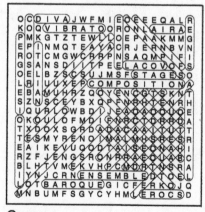

Country Music

Opera

Song Writers

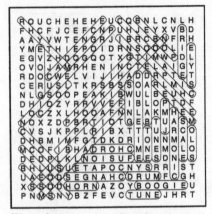

Play Jazz

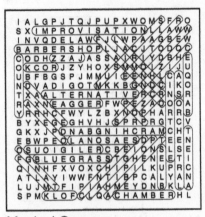

Musical Genres

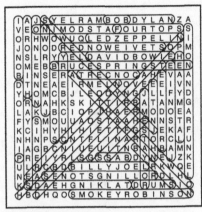

Rocking Around

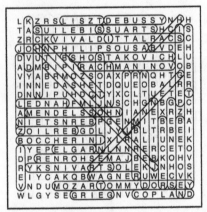

Music Composers

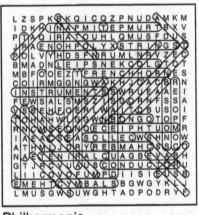

Philharmonic

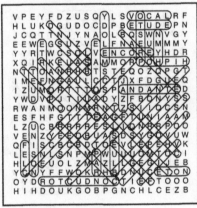

Music and Words

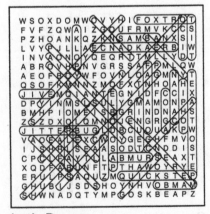

Let's Dance

CHAPTER 9: STORY TIME

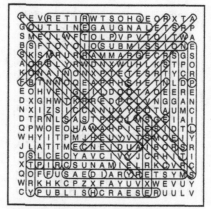

Written Words

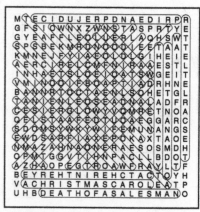

Classics

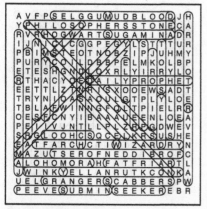

Harry Potter

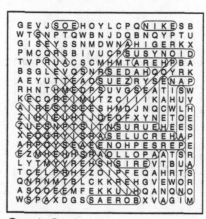

Greek Gods

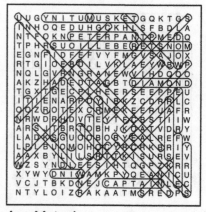

Aye Matey!

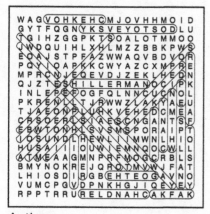

Authors

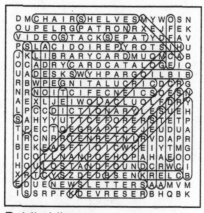

Public Library

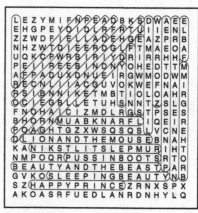

Fairy Tales

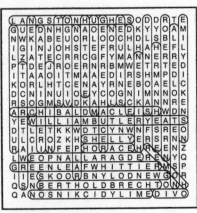

Famous Poets

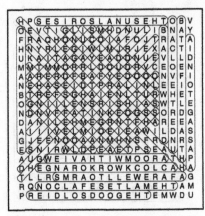

Novels

Children's Books

Wonderful Writers

Science Fiction

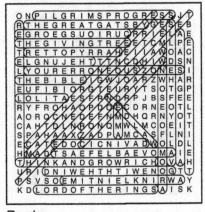

Books

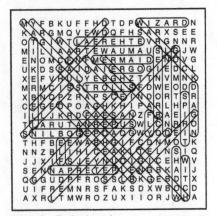

Magic Fairyland

CHAPTER 10:
THE WIDE WORLD OF SPORTS

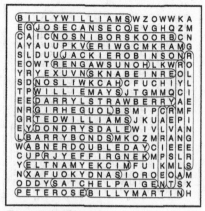

Baseball Players

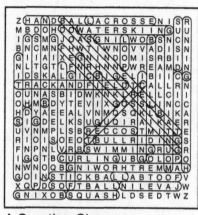

A Sporting Chance

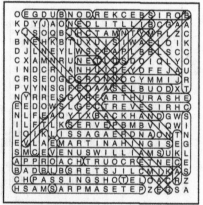

Tennis Anyone?

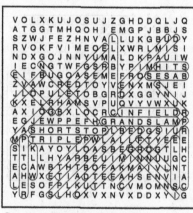

On the Baseball Field

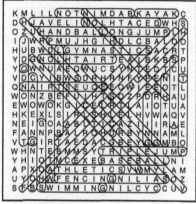

Olympic Games

Football Players

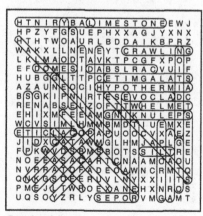

Spelunking

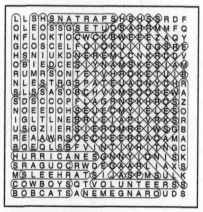

University Teams

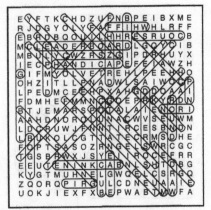

Play Golf

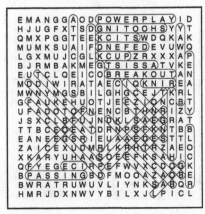

Hockey

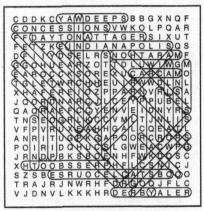

A Day at the Races

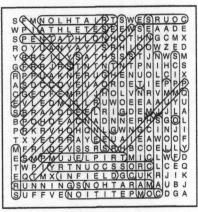

Track and Field

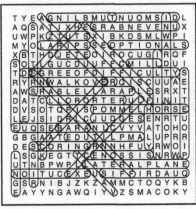

Gymnastics

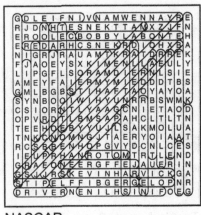

NASCAR

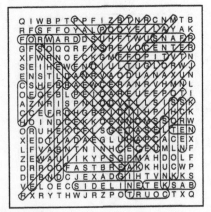

Hoops

We Have

EVERYTHING

on Anything!

With more than 19 million copies sold, **the Everything® series** has become one of America's favorite resources for solving problems, learning new skills, and organizing lives. Our brand is not only recognizable—it's also welcomed.

The series is a hand-in-hand partner for people who are ready to tackle new subjects—like you!

For more information on the Everything® series, please visit *www.adamsmedia.com*

The Everything® list spans a wide range of subjects, with more than 500 titles covering 25 different categories:

Business	History	Reference
Careers	Home Improvement	Religion
Children's Storybooks	Everything Kids	Self-Help
Computers	Languages	Sports & Fitness
Cooking	Music	Travel
Crafts and Hobbies	New Age	Wedding
Education/Schools	Parenting	Writing
Games and Puzzles	Personal Finance	
Health	Pets	